AF308747

ÉTUDE

SUR LES

Flottes Belligérantes

EN

1914-1915

J. G.

PARIS

1915

Étude sur les flottes belligérantes

particulièrement sur les flottes Anglaise et Allemande [1]

L'année 1900 restera vraisemblablement une des dates essentielles de l'histoire contemporaine, lorsque, après un recul suffisant, les événements auront pris leur vraie valeur relative. C'est à cette année là, en effet, qu'il faudra remonter pour trouver les raisons premières de l'évolution, en Angleterre, d'une tradition diplomatique presque centenaire et les causes profondes de la guerre actuelle.

En 1900, l'amiral de Tirpitz, ministre de la marine, proposa au Reichstag, sous l'inspiration de son souverain, un programme de constructions navales qui constitue en quelque sorte la charte de la marine de guerre allemande. Afin d'obtenir le vote des sommes formidables nécessaires à la réalisation de ce programme, Guillaume II n'hésita pas à faire déclarer catégoriquement par son porte-paroles « qu'il ne s'agissait plus, pour l'Allemagne, d'avoir une flotte défensive, mais une flotte proportionnée à son développement commercial *et à sa politique mondiale*; et puisque, par suite de cette politique, l'Allemagne devenait la rivale immédiate de l'Angleterre, il lui fallait la *flotte offensive* capable de soutenir cette rivalité. »

Le défi à la puissance maritime anglaise était nettement lancé et, les fonds demandés ayant été votés, un effort soutenu commença qui, en treize ans, devait faire passer la marine allemande du 6e au 2e rang, la rendant menaçante pour la marine britannique elle-même.

Qu'était donc la flotte allemande à cette époque? On sait que l'expansion germanique vers la mer fut l'œuvre personnelle et la préoccupation constante de Guillaume II : dès le début de son règne, il se trouva, sur ce sujet, en désaccord complet avec Bismarck. Lors de son avènement, en 1888, la marine militaire allemande était pour ainsi dire inexistante avec : 6 petits cuirassés de moins de 8.000 tonnes; autant de garde-côtes; une dizaine de petits croiseurs sans protection et sans vitesse; quelques canonnières; 2 contre-torpilleurs; une quarantaine de petits torpilleurs C'était à peine une marine de troisième ordre.

Le jeune empereur voulut tout d'abord avoir une flotte capable de résister à l'une de celles de ses ennemis, alors les plus probables, la France

---

(1) Cette étude est une conférence faite par un sociétaire du Yacht Club de France, sur le front, pour donner à ses camarades, officiers d'un régiment de cavalerie, quelques notions des choses maritimes.

ou la Russie, qui occupaient respectivement le 2ᵉ et le 3ᵉ rang parmi les puissances maritimes. A cet effet, il soumet au Reichstag, en 1889, un programme de constructions à répartir sur six années comportant une augmentation de 4 cuirassés de haute mer, 10 garde-côtes et 15 croiseurs.

Ce programme à peine réalisé, un autre plus étendu est proposé en 1897 : celui-ci ajoute aux unités existantes : 7 grands cuirassés, 2 grands croiseurs, 7 petits croiseurs et un nombre important de bâtiments de flottilles. Le vote de ce programme fut un succès personnel pour le nouveau ministre de la marine, l'amiral de Tirpitz, en raison des résistances de l'Assemblée : la confiance impériale lui était acquise d'emblée ; pour la justifier, tout en flattant l'ambition de son souverain, il n'attendit pas le terme convenu de 6 ans pour réclamer, dès 1900, une extension considérable des constructions navales, et c'est pour l'obtenir qu'il annonça la lutte future avec l'Angleterre.

Il est certain que les rêves de domination mondiale du Kaiser se réalisaient avec une accélération, on pourrait presque dire une facilité toujours croissante : en 12 années, le drapeau allemand avait été hissé sur d'immenses territoires en Afrique, en Asie, en Océanie ; la marine marchande concurrençait partout la marine anglaise et son tonnage augmentait sans cesse ; les transactions commerciales et le mouvement d'affaires de l'empire germanique s'accroissaient plus rapidement que dans aucun autre pays ; enfin la flotte de guerre commençait à faire figure à côté de ses rivales, ainsi que l'indique le tableau comparatif ci-dessous :

	ANGLETERRE	ALLEMAGNE	FRANCE
Cuirassés d'escadre.	60	15	25
Garde-côtes cuirassés . . .	7	12	15
Croiseurs cuirassés.	15	2	12
Croiseurs protégés 1ʳᵉ classe	21	6	8
Croiseurs protégés 2ᵉ classe	53	3	16
Croiseurs protégés 3ᵉ classe	45	26	15
Canonnières.	49	20	17
Contre-torpilleurs.	120	23	30
Torpilleurs	150 (environ)	100 (environ)	250 (environ)

Ces chiffres permettent de mesurer l'effort déjà réalisé.

Le projet de 1900 prévoyait une flotte de bataille permanente constituée par 4 escadres, chacune de 8 cuirassés, plus 2 cuirassés amiraux hors formation : en tout 34 cuirassés ; ces escadres devaient être escortées de 8 grands croiseurs et de 24 petits. En outre, pour les mers lointaines et comme bâtiments de remplacement, 2 cuirassés, 6 grands croiseurs et 10 petits ; enfin, chaque année serait lancée une division de 6 contre-torpilleurs.

Ce programme fut rigoureusement suivi et ne reçut que des additions ou des accélérations dans son exécution : en 1906, 6 grands croiseurs de plus, et 12 contre-torpilleurs annuels au lieu de 6 ; en 1912 une cinquième escadre de 8 cuirassés, 4 grands croiseurs et 4 petits.

Cette continuité dans l'effort ressort mieux encore à l'examen attentif du perfectionnement progressif dans chaque type de navire adopté ; elle s'explique par ce fait que l'amiral de Tirpitz resta ministre pendant toute cette période et ne cessa de jouir de l'entière faveur de son maître.

L'Angleterre ne se méprit pas sur la menace qui la visait : laisser entamer son hégémonie maritime était pour elle question de vie ou de mort. Par une singulière fortune, à ce moment critique, disparaissait la souveraine qui avait porté l'Empire britannique à son plus haut degré de prospérité ; seulement, son attachement obstiné à des traditions et à une politique qui lui avaient valu un règne particulièrement brillant, eût vraisemblablement constitué un obstacle sérieux à une évolution diplomatique radicale ; et celle-ci s'imposait dans le plus bref délai. Le péril s'annonçait trop grave pour que la fière Albion continuât à se complaire dans ce « splendid isolement » qui lui avait permis jusque-là de dominer les rivalités des autres puissances et de les utiliser à son meilleur avantage. Il lui fallait renouer la chaîne interrompue depuis bientôt un siècle, et préparer la coalition contre le peuple continental dont la puissance menaçait de la déborder sur toute la surface du globe.

Edouard VII se trouva alors, heureusement pour son pays, le souverain nécessaire. Esprit délié et averti, intelligence aux vues particulièrement nettes et sûres, il fut peut-être le seul homme de son temps qui sut démêler les véritables arrière pensées de son impérial neveu, qui en devina le plus exactement l'ambition secrète. Comme s'il eût pressenti que son règne durerait peu, il brusqua les habituelles lenteurs de la diplomatie pour nouer le faisceau de la future coalition contre l'Allemagne, et il ne fallut pas moins que sa virtuosité pour réaliser l'entente avec la France quatre ans après Fachoda, le rapprochement avec la Russie deux ans après la guerre japonaise, les conventions avec l'Italie, préliminaires de l'enlèvement de celle-ci à la Triplice, couronnant son œuvre ; le tout en huit ans de règne !

Cette évolution diplomatique entraînait forcément une transformation totale de la stratégie navale anglaise. Il n'importait plus pour le Royaume-Uni de dominer sur toutes les mers, d'être partout le plus fort : la menace était près de ses côtes, c'était dans les mers qui les baignaient qu'il devait désormais maîtriser l'adversaire. Il ne s'agissait plus d'avoir une flotte supérieure aux deux flottes les plus puissantes du monde suivant la formule « two standard power », aucun budget n'y eût suffi ; il fallait une flotte capable de réduire un ennemi dès maintenant connu et telle, qu'elle assurât toujours, vis-à-vis de celui-ci, une marge suffisante de supériorité (la proportion admise fut celle de trois cuirassés pour deux).

En Allemagne, au moment du vote de 1900, Von der Goltz avait écrit lui-même, pour habituer l'opinion à l'idée de la lutte future contre l'Angleterre : «... la supériorité de l'Angleterre demeurera considérable dans l'avenir, *mais ses forces doivent s'éparpiller sur toutes les mers du globe.* Au cas d'une guerre menaçant la métropole, la plupart des escadres lointaines seraient sans doute rappelées, mais il faudrait du temps et toutes les stations ne peuvent être abandonnées. La flotte allemande peut et doit être concentrée dans les eaux européennes. Avec l'augmentation qu'elle va recevoir, elle sera en état de se mesurer avec l'escadre ordinaire des eaux anglaises. D'ailleurs la question du nombre est encore moins décisive sur mer que sur terre. Une préparation soigneuse, permettant une mobilisation rapide, peut procurer une supériorité momentanée ».

C'était l'annonce du coup de force, de l'attaque brusquée, sans déclaration de guerre : l'Amirauté anglaise ne se méprit pas sur l'intention et, en quelques années, modifia complètement la répartition de ses flottes : plus d'escadres lointaines, plus de grosses unités détachées sur toute la surface du globe ; tous les cuirassés de 1re ligne sont désormais concentrés à proximité des eaux métropolitaines, dans la *Home Fleet*, toujours prêts à accepter la bataille ; la surveillance de la Méditerrannée, depuis l'entente, incombe aux escadres françaises ; les grandes colonies anglaises se chargent de leur propre défense ; enfin, les croiseurs protégés, dont l'utilisation n'est plus possible dans les escadres modernes, en raison de l'augmentation de vitesse de celles-ci, sont chargés de promener l'*Union Jack* partout où il est nécessaire.

Ce bouleversement ne s'opéra pas sans résistances et l'obstruction qui se manifesta à plusieurs reprises eût lassé un homme moins tenace que le lord de l'Amirauté, l'amiral sir (aujourd'hui lord) John Fisher, chargé de l'exécution du programme nouveau après en avoir tracé le plan. Fort de la confiance de son souverain, il y consacra son entière énergie, triompha de tous les obstacles, et ne se résolut à une retraite, amplement motivée par des années de luttes incessantes, qu'après avoir vu ses idées définitivement adoptées et en pleine voie de réalisation.

L'amiral Fisher eut l'heureuse fortune d'être secondé, dans sa tâche, par un collaborateur qui, chargé spécialement du matériel, sut donner à celui-ci une supériorité toujours plus marquée sur celui de ses rivaux. L'amiral Percy Scott fut le rénovateur de l'artillerie de marine anglaise : par des méthodes de tir nouvelles, dont il fut l'inventeur, par ses perfectionnements des appareils de pointage, il en accrut considérablement la puissance ; les distances de tirs de combat furent presque doublées ; les résultats de ses exercices de tirs excitaient l'admiration et l'envie des autres marines, et aujourd'hui les canonniers anglais n'hésitent pas à ouvrir le feu à 18.000 mètres, sur des bâtiments ennemis en pleine vitesse, obtenant des résultats décisifs à ces distances qui eussent paru paradoxales il y a quelques années.

Ces perfectionnements conduisirent l'amiral Fisher à formuler la théorie de la prédominence de la grosse artillerie, et à imposer son extension à bord. L'application en commença sur les séries *King Edward VII* et *Lord Nelson*, construites entre 1902 et 1906. Les enseignements fournis par la guerre russo-japonaise ayant pleinement confirmé la justesse de ces vues, celles-ci reçurent leur pleine application sur le *Dreadnought*, lancé en 1906, où toute la puissance de l'artillerie de combat est concentrée en ses dix pièces de 305 millimètres, à l'exclusion de l'artillerie moyenne, complètement supprimée. L'apparition de ce cuirassé eut, dans le monde maritime, un retentissement analogue à celui provoqué, près d'un demi siècle auparavant, par le lancement, en France, de la *Gloire*, la première frégate cuirassée. Il apparaissait, en effet, immédiatement, qu'aucun des cuirassés antérieurs n'était capable de résister à la terrible bordée du nouveau venu, et que le principe qui l'avait inspiré s'imposait désormais à toutes les nouvelles mises en chantiers.

L'événement était grave, car, du jour au lendemain, l'Angleterre perdait tout le bénéfice de son avance sur l'Allemagne, les deux pays se retrouvant ensemble et partant de zéro pour la construction d'une nouvelle flotte. A chaque nouveau cuirassé germanique, l'Amirauté devait répondre par un chiffre suffisant pour conserver la même marge de supériorité numérique. En raison de l'énormité du prix de revient des *Dreadnought*, cette obligation exigeait un effort financier bien fait pour effrayer un ministère libéral, préoccupé surtout de lois sociales et plutôt disposé à restreindre les dépenses de guerre. Aussi, s'éleva-t-il tout d'abord des récriminations violentes contre cette innovation qui mettait en jeu toute la suprématie navale anglaise. Le gouvernement eut alors l'idée étrange de chercher une entente avec le Kaiser, en vue de limiter, de part et d'autre, les mises en chantier nouvelles : des ministres anglais se rendirent même à Berlin pour engager des pourparlers. Finalement, ils durent se rendre à l'évidence et reconnaître qu'on ne cherchait qu'à les jouer et à traîner les choses en longueur pour s'assurer une avance. Les constructions reprirent donc avec une recrudescence d'activité, et aujourd'hui les escadres de première ligne du Royaume-Uni ont amplement repris, sur leurs rivales, la supériorité momentanément perdue.

Ainsi le *Dreadnought* marque une séparation nette entre l'ancienne marine et les flottes modernes.

Pendant longtemps, le type de cuirassé de ligne avait paru définitif (Voir tableau A[1]) et toutes les puissances en étaient venues à imiter le modèle inauguré en Angleterre vers 1890 : déplacement environ 15,000 tonnes, vitesse de 18 à 19 nœuds ; la grosse artillerie comprend 4 pièces de 305 millimètres par paires en tourelles cuirassées à l'avant et à l'arrière ; l'artillerie moyenne est de 12 à 20 pièces d'environ 150 millimètres, réparties en casemates ou en batteries entre les deux tourelles, et protégées par un cuirassement léger ; l'artillerie légère se répartit un peu partout dans les hunes et et sur les superstructures. Les moyens d'attaque comportent, en outre, plusieurs tubes lance-torpilles sous-marins. La défense consiste en une ceinture cuirassée, d'épaisseur et de hauteur variables suivant les séries, encadrant un pont cuirassé qui protège chaudières, machines et soutes à munitions. Sur les cuirassés anglais, le cuirassement latéral ne s'étend qu'entre les deux tourelles, les extrémités restant dépourvues de protection. Cette lacune, motivée par la nécessité de gagner du poids pour le reporter sur l'approvisionnement de charbon en vue des traversées vers les stations lointaines, constitue la seule infériorité des bâtiments de ligne anglais vis-à-vis de leurs contemporains allemands munis de bout en bout d'une cuirasse plus épaisse; par contre le déplacement de ceux-ci est inférieur de près d'un tiers, leur vitesse ne dépasse pas 17 nœuds 5, et leur grosse artillerie ne comporte que 4 pièces de 240 millimètres.

Après 1900 et jusqu'en 1906, les théories de l'amiral Fisher, ainsi qu'il a été dit, font apparaître, sur les cuirassés anglais, à côté du 305 millimètres, un deuxième calibre de grosse artillerie, le 234 millimètres: ces pièces au nombre de 4 sur les *King Edward VII*, sont 10 sur les *Lord Nelson*, où elles supplantent complètement l'artillerie moyenne de 152 millimètres. Le défaut de cuirassement est corrigé dans ces unités qui portent une cuirasse sur toute la longueur (1). La marine allemande ne suit que timidement ce progrès en adoptant le 170 millimètres au lieu du 150 millimètres pour l'artillerie moyenne; sa grosse artillerie n'est encore que du 280 millimètres; par contre l'épaisseur de cuirasse est diminuée: sur tous les points, pendant cette période, ses cuirassés sont donc inférieurs à leurs contemporains anglais (2).

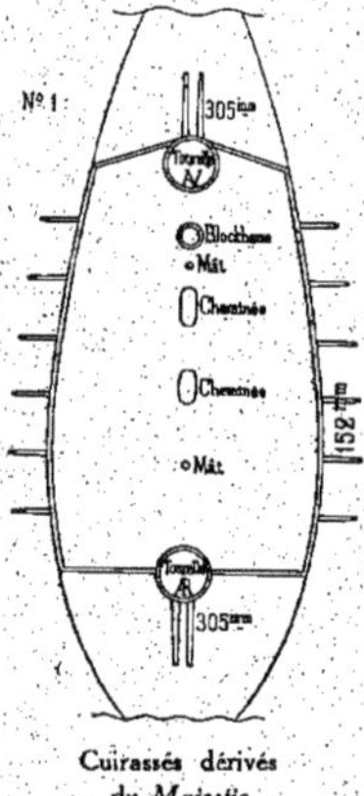

Cuirassés dérivés
du *Majestic.*

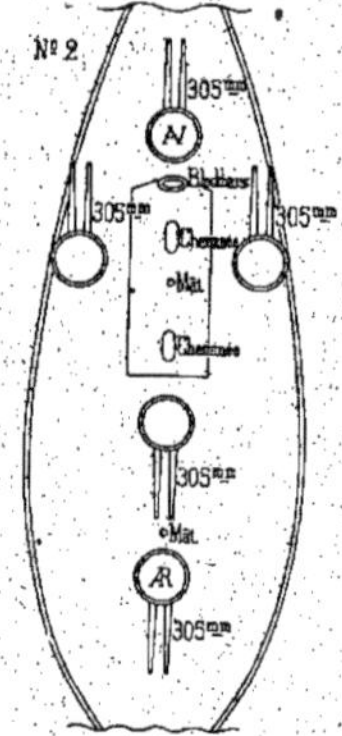

Dreadnought
Dispositif de l'artillerie système crucial

Le Dreadnought avait été un bâtiment d'expérience; dans ses succédanés, construits par séries de trois, on cherche surtout à obtenir la meilleure utilisation du feu. Les tourelles contenant toujours les canons par paires, sont d'abord réparties à bord suivant le dispositif en croix; il permet une bonne concentration du tir en chasse ou en retraite, mais il laisse deux pièces inutilisées dans le tir par le travers. Ce défaut est corrigé dans la série des 3 *Neptune* où apparaît le dispositif dit en quinconce, dans lequel, les tourelles latérales se trouvant en échelon, au lieu d'être sur le même

---

(1) Les deux cuirassés *Swiftsure* et *Triumph* ne faisaient pas partie des programmes de l'Amirauté: ils furent acquis au commencement de la guerre russo-japonaise, afin d'empêcher la Russie de les acheter au Chili auquel ils allaient être livrés.

(2) Dans les six schémas qui suivent, les traits doubles indiquent les parties cuirassées.

couple, chacune de leurs pièces peut tirer dans un certain angle du bord opposé. Enfin, dans la série des *Monarch*, on arrive au système axial, adopté maintenant par toutes les marines : les tourelles sont toutes dans l'axe du

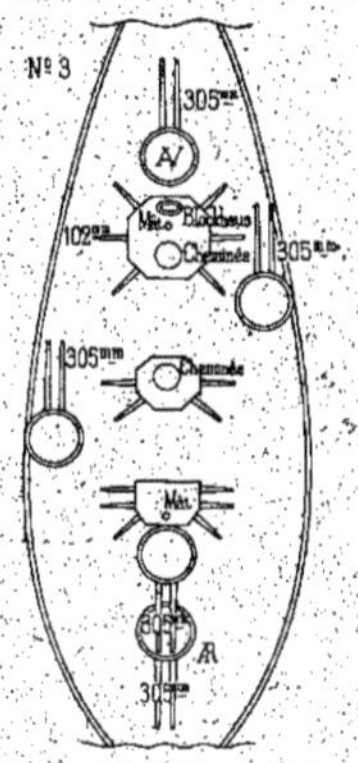

Neptune
Dispositif de l'artillerie en quinconce.

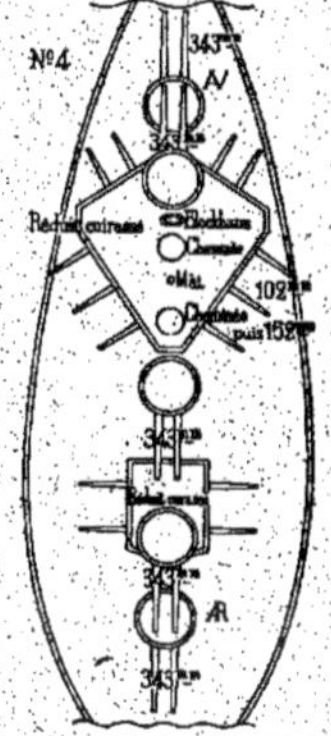

Monarch
Dispositif de l'artillerie système axial.

navire et les pièces tirent indifféremment des deux bords. En outre, les poids mieux répartis donnent au bâtiment une meilleure tenue à la mer et une plus grande stabilité de plate-forme, favorable à la justesse du tir.

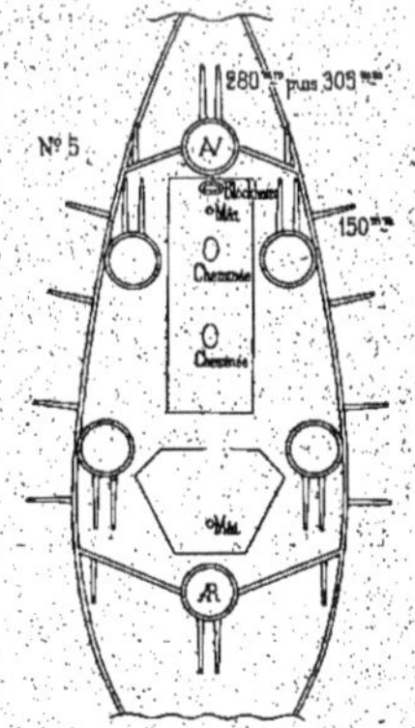

Nassau et Heligoland
Dispositif de l'artillerie, système hexagonal.

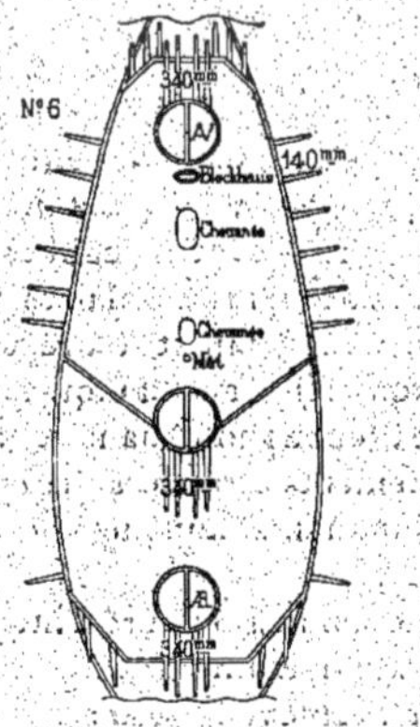

Normandie (F.)
Tourelles quadruples

Sur le *Dreadnought*, l'artillerie moyenne avait été totalement supprimée ; on reconnut vite des inconvénients à cette mesure. Elle fut donc rétablie sur les cuirassés suivants, d'abord avec du 102 millimètres, puis, à partir des *Iron Duke*, avec du 152 millimètres.

Cependant l'Amirauté sentait la menace allemande toujours pressante ; entre 1907 et 1910, grâce aux tergiversations du gouvernement, 9 dreadnoughts seulement étaient lancés en Angleterre, pour répondre aux 8 lancés en Allemagne. On chercha alors à accroître encore la puissance de feu par l'adoption d'un plus gros calibre. Les *Monarch* inaugurent le 343 millimètres. De ce moment, les cuirassés portant un calibre plus fort que le 305 millimètres reçurent la désignation générique de superdreadnoughts pour bien marquer leur supériorité sur le type précédent. Pour rattraper le temps perdu, chaque année les arsenaux anglais mettent en service une division homogène de 4 superdreadnoughts. Le 343 millimètres est remplacé lui-même par le 381 millimètres qui arme la série des cuirassés rapides, inaugurée en 1913 par le *Queen Elisabeth*. Cette fois la flotte du Royaume-Uni reprenait définitivement sa supériorité, tant par le nombre de ses unités que par la valeur intrinsèque de celles-ci.

Pendant cette période, en effet, l'Allemagne construisait une première série de dreadnoughts, les 4 *Nassau* armés de 12 canons de 280 millimètres, suivis des 4 *Helgoland* qui inaugurent le calibre de 305 millimètres au moment même où la marine britannique adoptait le 343 millimètres. La marine allemande parait bien avoir été prise alors au dépourvu, car les deux séries suivantes, les 5 *Kaiser* et les 4 *Markgraf* conservent le 305 millimètres alors qu'en Angleterre apparaît déjà le 381 millimètres (1).

Non seulement l'artillerie allemande est inférieure à sa contemporaine anglaise, mais sa répartition à bord est défectueuse : sur les deux premières séries, elle est disposée suivant le système hexagonal qui laisse 4 pièces inutilisées dans le combat par le travers, et charge le navire dans les hauts de la façon la plus fâcheuse. Le dispositif axial n'est adopté que dans le *Markgraf* trois ans après l'apparition des *Monarch*.

En résumé la nouvelle flotte britannique possède, comme l'ancienne, une supériorité certaine de puissance de feu et de vitesse sur sa rivale dont les unités retardent régulièrement, dans leur conception, de trois à quatre années sur leurs similaires anglais. Au moment de la déclaration de guerre, l'Amirauté alignait 10 dreadnoughts et 12 superdreadnoughts en face des 13 dreadnoughts germaniques. Aujourd'hui avec les unités terminées depuis et les réquisitions dans les chantiers des cuirassés construits pour les gouvernements étrangers, la *Home Fleet* compte 11 dreadnoughts et 27 super-dreadnoughts, auxquels les Allemands ne peuvent opposer que 18 dreadnoughts.

Les cuirassés représentent l'élément essentiel d'une flotte de combat, la force vive d'une flotte de guerre ; ils doivent être assistés de satellites qui, en leur enlevant certaines préoccupations, leur permettent de fournir toute

---

(1) Les *Markgraf* doivent recevoir des canons de 356 millimètres ; mais cette pièce se montra si défectueuse aux essais, qu'on dut renoncer à l'employer et, pour ne pas retarder l'entrée en service de cette série de cuirassés, la remplacer par du 305 millimètres.

leur puissance dans les meilleures conditions tactiques. Ce rôle complémentaire incombe aux croiseurs, aux éclaireurs, aux contre-torpilleurs ou destroyers et aux sous-marins.

Les croiseurs ont, en principe, pour mission, la reconnaissance de l'ennemi à grande distance, les raids et coups de force rapides. Dans l'ancienne marine, cet emploi revient aux croiseur-cuirassés. Depuis la bataille de Tsoushima, leur rôle s'est amplifié : les croiseurs japonais, grâce à leur supériorité de vitesse et à la puissance de leur armement, avaient pu intervenir dans l'action même de la façon la plus efficace. Cette indication produisit le croiseur de bataille dont le nom indique bien la destination : aussi fortement armés que les cuirassés les plus puissants, presqu'aussi bien protégés, atteignant la vitesse même des destroyers, ces Léviathans de la mer sont aujourd'hui les unités les plus formidables. Leur prix de revient est tel que, seules jusqu'ici, les marines anglaise, japonaise et allemande se sont décidées à en construire. De même que pour les cuirassés, cette dernière marque une sorte de répugnance à adopter l'artillerie la plus puissante, si bien que ses séries sont régulièrement inférieures aux séries contemporaines britanniques.

Quant aux croiseurs-cuirassés antérieurs à l'ère des dreadnoughts, les 8 unités allemandes, réduites aujourd'hui à 4, sont inexistantes à côté des 31 croiseurs anglais restants.

Les éclaireurs, chargés derrière les grands croiseurs de la sûreté immédiate des escadres et de la police des mers, représentent l'aboutissement d'une évolution progressive des anciens croiseurs protégés (voir tableau A²) : l'idée dominante, dans la conception de ceux-ci, était de leur donner, outre la vitesse et la capacité de tenir la mer par tous les temps, un rayon d'action aussi étendu que possible, en vue des longues traversées et de la chasse aux navires de commerce ; cette nécessité impliquant un approvisionnement de charbon considérable, poussait à l'accroissement du tonnage, qui avait fini par dépasser 10.000 tonnes. Lorsqu'il devint certain que les opérations décisives se dérouleraient dans les mers métropolitaines, le rôle du croiseur-protégé se modifia, il devint surtout éclaireur d'escadres et destructeur de contre-torpilleurs ; pour ce il lui fallut un sensible accroissement de vitesse, mais l'approvisionnement de charbon pouvant être fortement diminué, le tonnage fut également réduit. Cette catégorie de navires est marquée, en Allemagne, par une persévérance remarquable dans le perfectionnement progressif du modèle initial ; mais, une fois de plus, y est commise l'erreur habituelle en ce qui concerne l'artillerie : on s'en tient, en effet, comme de parti pris, au seul calibre de 102 millimètres, alors que depuis 1910 les similaires anglais sont armés avec du 152 millimètres. Résultats : dans toutes les rencontres entre les bâtiments de ce type, les Allemands sont écrasés par le feu adverse : *Sydney* contre *Emden* ; *Glasgow* contre *Leipzig* ; *Chatham* contre *Kœnigsberg* ; *Gloucester* contre *Breslau*.

Les destroyers, gardiens vigilants des cuirassés pendant le combat, contre les surprises des torpilleurs autrefois, des sous-marins aujourd'hui, sont devenus en outre l'élément essentiel du blocus des côtes germaniques.

Depuis quinze ans (voir tableau A⁸) l'Allemagne en avait lancé un nombre imposant, et, dans les milieux maritimes, on vantait fort l'état d'entraînement de ces flottilles et la maîtrise avec laquelle leurs commandants les conduisaient. Cependant, depuis le début des hostilités, ces petits bâtiments ont régulièrement fait demi-tour devant leurs similaires anglais ; leur supériorité nominale de vitesse, sur le papier, ne les a même pas efficacement protégés, puisqu'aujourd'hui une cinquantaine d'entre eux manquent à l'appel.

Les sous-marins ont remplacé le torpilleur dans toutes les marines. Après de longs tâtonnements de mise au point, ce sont maintenant des unités puissantes : les derniers lancés ont un déplacement de plus de 1.000 tonnes, une artillerie de plus en plus importante ; leur vitesse en surface dépasse 20 nœuds. Leur intervention est désormais certaine sur le champ de bataille où elle peut devenir décisive. Il est connu que dans les arsenaux ou chez les constructeurs germaniques, le plus gros effort, depuis quinze mois, s'est porté sur les sous-marins. Il fallait réaliser le blocus commercial de l'Angleterre et surtout réparer les pertes. Or, si l'on admet que, pendant ce laps de temps, les chantiers sont arrivés à doubler le nombre existant au début de la guerre (et ce chiffre est bien un maximum pour des unités de cette importance), comme les pertes à ce jour sont de plus de soixante, il en résulte que cet effort frénétique n'a abouti qu'à une destruction à peu près complète. Vienne la grande bataille entre les deux flottes, du côté allemand on n'aura à peu près plus rien à opposer aux 60 ou 80 sous-marins qu'alignera alors l'Amirauté : et, à ce prix, la flotte moderne anglaise n'a même pas été entamée !

De la comparaison, sur le papier, apparait donc la prédominence de la marine britannique. Comment ces deux matériels furent-ils utilisés depuis l'ouverture des hostilités ?

La flotte allemande se refusant systématiquement à une rencontre générale et restant confinée dans ses rades, on ne peut rechercher cet enseignement que dans des rencontres de flottilles ou de divisions de croiseurs : en étudiant les plus importantes ou les plus caractéristiques, on aura des éléments suffisants pour apprécier tout au moins la valeur relative des deux personnels. A ce point de vue, les affaires les plus intéressantes sont celles : du 28 août 1914 dite bataille d'Héligoland ; du 17 octobre ; du 1ᵉʳ novembre sur les côtes du Chili, dite de Coronel ; du 8 décembre, aux îles Falkland ; du 25 décembre à Cuxhaven ; du 25 janvier 1915, dite combat du Dogger Bank.

La bataille d'Héligoland (28 août) fut surtout une rencontre de navires légers et de sous-marins, les grands croiseurs n'étant intervenus qu'à la fin pour repousser les croiseurs allemands ; mais cette journée restera un modèle d'organisation de raid maritime, de décision, d'énergie et de persévérance chez ceux qui l'entreprirent. Le but de la reconnaissance est de déterminer la force exacte et la position des escadres allemandes mouillées derrière Héligoland et dans l'estuaire de l'Elbe. Son exécution est d'autant plus délicate que ces parages sont semés de haut-fonds dont le balisage a été supprimé, et que les Allemands y ont mouillé de nombreux barrages de mines. Les forces anglaises se composent de deux flottilles de destroyers, d'une division de croiseurs légers ou éclaireurs, de plusieurs sous-marins, le tout appuyé par une division de croiseurs de bataille et commandé par l'amiral sir David Beatty. Parties pendant la nuit, les flottilles rencontrent, vers 7 heures du matin, une division de 6 contre-torpilleurs ennemis qui prennent aussitôt chasse et cherchent à se réfugier à Héligoland. Les Anglais manœuvrent pour leur couper la route : dans ce changement de cap, l'*Arethusa* (3.600 tonnes) tombe brusquement sur deux croiseurs légers allemands ; malgré la disproportion, il n'hésite pas à engager le combat et le soutient seul pendant vingt minutes. Rejoint par le *Fearless* (3.360 tonnes) ils s'attachent chacun à un adversaire ; bientôt les croiseurs allemands, gravement touchés, disparaissent dans la brume, se retirant vers Héligoland (le temps ce jour-là était assez brumeux). Le *Fearless* rallie alors la première flottille de destroyers qui continuait la poursuite des contre-torpilleurs ennemis : dans cette chasse, le V.187, portant le guidon du chef de flottille, est coulé avec tout son équipage. Le commodore Tyrwhitt apprend alors que deux de ses unités sont pourchassées par deux croiseurs légers ennemis : il rallie sa flottille, pour les secourir, lorsqu'un grand croiseur-cuirassé allemand, le *York* (9.000 tonnes), sort du brouillard. Malgré la disproportion de taille et d'artillerie, ordre est donné de l'attaquer : l'ennemi riposte vigoureusement, mais son tir est très défectueux, tandis que celui des éclaireurs anglais endommage sérieusement le *York* qui renonce au combat et s'éclipse dans la brume. Quelques instants plus tard, apparaît à son tour le *Mainz*, croiseur léger de 4.300 tonnes ; en vingt minutes, les deux croiseurs anglais l'envoient par le fond.

Vers midi, les flottilles anglaises sont disséminées sur un vaste espace, repérant à chaque instant de nouveaux croiseurs allemands, lorsqu'arrivent les croiseurs de bataille que le commodore Tyrwhitt a appelés par T.S.F. au moment de son engagement avec le *York*. Dès lors l'action se précipite : en deux salves de sa puissante artillerie, le *Lion* (2.700 tonnes) coule l'*Ariadne* (2.650 tonnes) avec tout son équipage ; quelques instants après, il fait subir le même sort au *Köln* (4.500 tonnes) qui fuyait devant la première flottille et qui est écrasé en huit coups de canon. Toute la mer entre Héligoland et la côte a été reconnue et balayée des navires ennemis ; la position de la flotte allemande a été exactement déterminée. Le but de la reconnaissance est entièrement rempli et l'amiral Beatty donne le signal du ralliement vers les côtes anglaises ; il ramenait toutes ses divisions au complet, n'ayant subi que de légers dégats matériels, après avoir bravé toute une journée la flotte allemande dans ses propres eaux, déjoué les tentatives de ses sous-marins et coulé trois de ses croiseurs et un contre-torpilleur.

L'affaire du 17 octobre, beaucoup moins importante que la précédente, ne fut qu'une rencontre de patrouilles, mais elle est caractéristique de la rapidité de décision et de la vigueur d'exécution des marins anglais. En naviguant à proximité des côtes hollandaises, l'éclaireur *Undaunted* (3.600

tonnes) accompagné des 4 destroyers *Lance, Légion, Lennox, Loyal* (960 tonnes) rencontre les 4 contre-torpilleurs S 115, 117, 118, 119 (470 tonnes). Les forces étaient évidemment inégales, mais l'action ne traîna pas : le troisième obus de 152 millimètres tiré par l'*Undaunted*, crève le pont de l'un de ses adversaires, qui coule moins de deux minutes après l'ouverture du feu. Quelques instants après, un des compagnons de celui-ci, incendié d'un bout à l'autre, disparaît à son tour dans les flots. Une demi-heure plus tard, un troisième subit le même sort ; enfin, le dernier rejoint, après trente-cinq minutes de poursuite, est détruit de la même manière. L'action n'a pas duré deux heures : du côté anglais, pas un tué, seulement 1 officier et 4 hommes blessés ; du côté allemand les 4 bâtiments perdus, et 31 hommes seulement sur 250 environ purent être recueillis par les Anglais.

Le combat de Coronel, le 1er novembre, se déroule dans les mers lointaines, sur les côtes du Chili. A cette époque, la division allemande d'Extrême-Orient, obligée en août de quitter Tsing-Tao, pour ne pas y être bloquée par les Japonais, était venue se ravitailler en vivres, charbon, munitions, sur les côtes du Chili, après avoir bombardé Papeete au passage. La division, sous les ordres de l'amiral von Spee, comprenait deux croiseurs-cuirassés jumeaux, *Scharnhorst* et *Gneisenau* (11.600 tonnes) et deux éclaireurs, *Leipzig* (3.250 tonnes) et *Nürnberg* (3.450 tonnes). Cette division était recherchée dans le Pacifique par une escadre japonaise et une escadre britannique. Celle-ci, sous les ordres de l'amiral Cradock, comprenait un cuirassé, le *Canopus* (13.500 tonnes), deux croiseurs-cuirassés, *Good Hope* (14.300 tonnes) et *Monmouth* (9.950 tonnes), tous deux de 1901, un éclaireur, *Glasgow* (4.800 tonnes) et un croiseur auxiliaire, ancien paquebot, l'*Otranto*. Le 1er novembre, à deux heures et demie, les croiseurs anglais enregistrent des signaux de T.S.F. qui les avertissent de la proximité de l'ennemi ; d'après les renseignements reçus, celui-ci ne doit comprendre que les éclaireurs, les croiseurs-cuirassés ayant été indiqués beaucoup plus au nord. Le *Canopus*, alors détaché dans cette direction, est prévenu par T.S.F. d'avoir à rejoindre le plus vite possible ; il arrivera trop tard. A cinq heures du soir, l'ennemi est aperçu et l'amiral Cradock se rend compte qu'il a affaire non pas aux éclaireurs annoncés, mais à toute la division ennemie dont il connaît la supériorité d'artillerie. Malgré cela, il prend ses dispositions pour attaquer sans attendre l'appoint des 305 millimètres du *Canopus*. Tout d'abord, l'adversaire cherche à esquiver la lutte, et, jusqu'au coucher du soleil à sept heures, les Anglais ne peuvent arriver à s'en approcher à moins de 15.000 mètres : à cette distance, le feu des 152 millimètres, qui constituent la presque totalité de leur artillerie, a peu d'efficacité. Avec la diminution du jour les distances se réduisent insensiblement ; les croiseurs britanniques qui tiennent l'Ouest se détachent en silhouettes nettes sur les dernières lueurs du crépuscule, tandis que leurs adversaires deviennent de plus en plus indistincts dans la pénombre qui envahit l'Orient. Les Allemands, se rendant compte de leur avantage, se décident alors à accepter le combat. Vers huit heures, le feu qui était à bord du *Good Hope* depuis un quart d'heure, gagne une soute à munitions et le croiseur saute. Le

Monmouth soutient encore le combat en pleine nuit, contre ses deux adversaires, mais, écrasé par leur feu convergent, il s'enfonce peu-à-peu et coule à dix heures avec tout son équipage. Non seulement les Allemands ne tentèrent rien pour sauver les survivants, mais ils empêchèrent le *Glasgow* d'approcher dans ce but. Leur succès était d'autant plus imprévu pour eux qu'ils avaient d'abord tout fait pour éviter la rencontre.

L'Amirauté ne pouvait rester sous le coup de cet échec ; elle prit ses dispositions qui, une fois de plus, resteront un modèle dans la préparation comme dans la sûreté d'exécution. Elle avait été avertie que l'amiral von Spee, rejoint par le croiseur auxiliaire *Prinz Eitel Friedrich*, qui lui apportait un renfort de 300 hommes d'infanterie, préparait un coup de main contre l'archipel des îles Falkland pour s'y constituer une base. Une puissante division anglaise fut rapidement formée sous les ordres de l'amiral Sturdee et envoyée aux Falkland : outre le *Canopus* et le *Glasgow*, survivants de la division Cradock, elle comprit les deux croiseurs de bataille *Invincible* et *Inflexible* (18.000 tonnes), les croiseurs-cuirassés *Carnarvon* (11.000 tonnes), *Cornwall* et *Kent* (9.900 tonnes), frères du *Monmouth*, le *Bristol*, similaire du *Glasgow*. Le 8 décembre, vers huit heures et demie du matin, l'escadre allemande se présente devant Port Stanley, la meilleure rade des Falkland ; elle y tombe sur toute l'escadre anglaise achevant de charbonner. Complètement surpris, l'amiral von Spee fait demi-tour immédiat et ordonne à ses unités de prendre chasse en se dispersant. L'amiral Sturdee, qui a son guidon sur l'*Inflexible*, indique un adversaire à chacun de ses croiseurs, se réservant le *Schornhorst* qui arbore le guidon de l'amiral ennemi, et la poursuite commence. Les grands croiseurs ont une supériorité théorique de vitesse d'au moins 3 nœuds, que doit accentuer encore la saleté de carène des bâtiments allemands naviguant depuis quatre mois dans des mers tropicales. Donc, sans même fatiguer ses machines, l'amiral Sturdee est certain d'avoir son adversaire à discrétion puisqu'il a toute la journée devant lui pour le rattraper ; aussi commence-t-il par faire tranquillement déjeuner ses équipages, après quoi la distance ayant été suffisamment réduite, les pièces de 305 millimètres entrent en action : une série de salves mettent le *Scharnhorst* en piteux état, mâts et cheminées sont abattus, le feu est à bord, le croiseur s'enfonce peu à peu et disparaît enfin sous les flots, entraînant tout son équipage. L'*Inflexible* rejoint alors l'*Irrésistible* qui a déjà mal mis en point le *Gneisenau* ; quelques instants après, celui-ci chavire et coule : 180 hommes sur les 800 hommes qui le montaient peuvent être sauvés.

Pendant ce temps les autres croiseurs ne sont pas restés inactifs : le *Cornwall* et le *Glasgow* ont tout d'abord du mal à rejoindre le *Leipzig* qui est de grande marche. Ils finissent par y arriver et lui donnent le coup de grâce à neuf heures et demie du soir : 2 hommes seuls de l'équipage purent être recueillis. Le *Kent* avec le *Bristol* se sont chargés du *Nürnberg* auquel ils font subir le même sort. Seul le *Dresden* et le *Prinz Eitel Friedrich* (1)

---

(1) Le *Dresden* fut détruit le 14 mars 1915 à l'île Juan Fernàndez ; quant au *Prinz Eitel Friedrich*, serré de près par les croisières anglaises, il se réfugia à New-York où il fut désarmé et son équipage interné.

réussissent à s'échapper. L'escadre allemande de croisière n'existait plus. L'opération ne pouvait être mieux menée, puisque en regard des 2.000 hommes disparus du côté ennemi, les pertes anglaises ne comportaient même pas un blessé : le *Good Hope* et le *Monmouth* étaient complètement vengés.

L'affaire du 25 décembre fut une réponse au raid des croiseurs de bataille allemands du 17 décembre, au cours duquel ceux-ci bombardèrent, en faisant de nombreuses victimes, les villes ouvertes de West Hartlepool, Scarborough, Withby, s'enfuyant à la faveur de la brume au bout de quarante minutes sans attendre l'arrivée de l'ennemi. La riposte anglaise ne vaut pas tant par les résultats matériels que par la nouveauté des moyens mis en œuvre, et par le contraste avec la manière allemande. L'opération fut exécutée uniquement par des croiseurs légers (type *Arethusa* et *Undaunted*), par des sous-marins et par des hydravions, à l'exclusion du concours de tout gros navire. Le raid n'était pas dirigé vers une station balnéaire, mais vers l'arsenal de Cuxhaven. La désignation même des unités indiquait, non pas une action de force, mais une reconnaissance de la flotte ennemie et de ses accès. Conformément à leur mission, les croiseurs légers et les hydravions allèrent décompter les bâtiments allemands mouillés dans l'estuaire de l'Elbe ; les zeppelins dans les airs, les sous-marins sous les flots essayèrent de s'opposer à leurs manœuvres, ils durent faire vivement demi-tour sous le feu précis des canonniers anglais. Les hydravions britanniques achevèrent leur mission en bombardant et en incendiant, à Cuxhaven, les hangars des zeppelins et l'usine à gaz, après quoi ils rallièrent leurs bâtiments respectifs (sauf un recueilli par un chalutier hollandais) et la flottille regagna les côtes anglaises au grand complet, rapportant les renseignements qu'elle devait se procurer, après avoir évolué pendant plusieurs heures à proximité de la flotte allemande et d'un arsenal, sans que l'ennemi ait été capable de les arrêter ou de les éloigner.

Malgré toute la discipline de l'opinion publique en Allemagne, celle-ci manifesta une certaine émotion devant cette inertie de la flotte : ce fut pour la calmer que le commandement essaya de rééditer le raid du 17 décembre. Mais cette fois l'Amirauté avait pris ses mesures, ayant été avertie des préparatifs. La division allemande chargée de l'opération comprenait les meilleurs croiseurs de bataille, sauf le *Von der Thann* remplacé par le *Blücher* (le *Lützow* n'était pas encore terminé). Du côté anglais, le *Tiger* (30.000 tonnes), le *Lion*, le *Princess Royal* (tous deux de 27.000 tonnes), le *New Zeeland* (19.000 tonnes), l'*Indomitable* (17.500 tonnes) furent chargés de la répression. La division allemande est aperçue le 27 janvier à sept heures et demie du matin, à hauteur du Dogger-Bank par une patrouille de destroyers, et aussitôt signalée par T.S.F. à l'amiral Beatty. Se voyant découverts, les agresseurs n'insistent pas et prennent la fuite à toute vitesse : les deux adversaires sont alors à 14 milles (25 kilomètres) l'un de l'autre. En deux heures, les croiseurs anglais ont déjà gagné plus de 8.000 mètres : ils ouvrent alors le feu avec leurs canons de 343 millimètres ; à 16.000 mètres les effets de leur tir est déjà sensible sur l'ennemi qui commence à s'égrener.

Vers onze heures, un coup heureux de celui-ci, qui concentre tout son feu sur le *Lion*, porteur du guidon amiral, crève le réservoir d'eau douce d'une des machines, ce qui en arrête la marche. L'amiral Beatty passe sur le *Princess Royal* et la poursuite reprend après ce temps d'arrêt, pendant lequel les contre-torpilleurs allemands ont esquissé une attaque, facilement repoussée par leurs similaires anglais. Par contre, le *Blücher* (15.500 tonnes) gravement touché reste à la traîne, et l'*Indomitable* est chargé de lui donner le coup de grâce : vers une heure de l'après-midi, le croiseur allemand se couche lentement et chavire en entraînant presque tout son équipage (117 hommes seulement sur 888 furent recueillis par les destroyers britanniques). Deux autres croiseurs donnent des signes manifestes de détresse : le *Seydlitz* (24.500 tonnes) qui est en feu et dont une tourelle est détruite ; le *Dœrflinger* (26.600 tonnes) qui ralentit sensiblement. Encore une heure ou deux et les 3 grands croiseurs restants seront détruits. Malheureusement, on arrive aux parages minés qui défendent les abords de la côte allemande, et la division anglaise est obligée de rompre la poursuite. Les destroyers et croiseurs légers n'avaient pas été moins brillants, ayant coulé le *Kolberg* (4.300 tonnes) et 2 contre-torpilleurs. La leçon était sévère pour les tueurs de femmes et d'enfants, puisque la journée se chiffrait pour eux par la perte de près de 1.300 hommes, de 4 unités de bonne valeur militaire, et par l'immobilisation pour longtemps de leurs 2 meilleurs croiseurs de bataille. Du côté anglais, on comptait en tout 11 tués et 32 blessés ; les avaries du *Lion* et du destroyer *Meteor*, les seuls un peu sérieusement touchés, étaient aisément réparables en quelques jours ; et dans cette poursuite à une allure de 27 à 28 nœuds, la supériorité de l'artillerie anglaise s'était affirmée plus que jamais.

Depuis cette correction, suivant l'expression favorite en Angleterre, plus un croiseur allemand n'a osé se montrer dans les eaux de la mer du Nord.

Pas une de ces rencontres n'eut lieu entre unités modernes de première ligne, à l'exception du combat du Dogger-Bank ; et celui-ci ne fut guère qu'une poursuite, l'un des adversaires n'ayant eu que la préoccupation de fuir et de se mettre le plus rapidement possible à l'abri de ses champs de mines et de ses batteries de côtes. On ne saurait donc tirer de ces combats des enseignements susceptibles de modifier la tactique navale, mais on peut y relever au moins quelques indications intéressantes.

(La suite après les tableaux.)

Tableaux des Forces Belligérantes.

Dans les tableaux qui suivent, il convient de noter que :

Les chiffres précédant les noms indiquent : 1º le nombre d'unités. — 2º la date du lancement. — Les chiffres suivant les noms indiquent dans l'ordre : le tonnage, la vitesse (en nœuds), l'épaisseur de cuirasse, le nombre de tubes lance-torpilles, le nombre de pièces d'artillerie de chaque calibre. — La première unité, construite dans chaque série, et qui sert souvent à désigner le type, est inscrite en tête de la série et en caractères plus gros. — Les bâtiments désarmés au début de la guerre sont marqués d'une croix. — Les navires coulés sont soulignés d'un trait noir.

A 1   CUIRASSÉS

Angleterre

N	Année	Noms	Caractéristiques
3	1891-92	× Hood — × Repulse — × Revenge	14.150 t. — 18 n. — cuir. 450 m/m — 7 t. 380 m/m — 4 c. 343 m/m — 10 c. 152 m/m.
2	1892	× Barfleur — × Centurion	10.500 t. — 18 n. 5 — cuir 305 m/m — 7 t. 380 m/m — 4 c. 254 m/m — 10 c. 152 m/m.
9	1895	Majestic — César — Hannibal — Illustrious	15.000 t. — 18 n. — cuir 230 m/m — 5 t. 450 m/m.
	1896	Jupiter — Magnificient — Mars — Prince-George — Victorious	4 c. 305 m/m — 12 c. 152 m/m — 10 c. 76 m/m.
6	1897	Canopus — Albion — Glory	13.500 t. — 18 n. 5 — cuir. 150 m/m — 4 t. 450 m/m.
	1899	Goliath — Océan — Vengeance	4 c. 305 m/m — 12 c. 152 m/m — 10 c. 76 m/m.
8	1898	Formidable — Bulwork — Implacable — Irrésistible	15.000 t. — 18 n. 5 — cuir. 230 m/m — 4 t. 450 m/m.
	1902	London — Prince of Wales — Queen — Venerable	4 c. 305 m/m — 12 c. 152 m/m — 16 c. 76 m/m.
5	1901	Duncan — Albemarle	14.000 t. — 19 n. — cuir 178 m/m — 4 t. 450 m/m.
—	1902	Cornwallis — Exemouth — Russel	4 c. 305 m/m — 12 c. 152 m/m — 10 c. 76 m/m.
33			

1903-1906

N	Année	Noms	Caractéristiques
2	1903	Swiftsure — Triumph	12.000 t. — 20 n. — cuir. 180 m/m — 2 t. 450 m/m — 4 c. 254 m/m — 14 c. 190 m/m — 14 c. 76 m/m.
8	1903	King Edward VII — Africa — Britannia — Dominion	16.800 t. — 19 n. — cuir. 230 m/m — 5 t. 450 m/m.
	1905	Commonweath — Hibernia — Hindustan — Zelandia	4 c. 305 m/m — 4 c. 234 m/m — 10 c. 152 m/m — 12 c. 76 m/m.
2	1906	Lord Nelson — Agamennon	16.750 t. — 19 n. — cuir. 305 m/m — 4 t. 450 m/m — 4 c. 305 m/m — 10 c. 234 m/m — 15 c. 76 m/m.
12			

1906-1910

N	Année	Noms	Caractéristiques
1	1906	Dreadnought	18.200 t. — 21 n. 5 — cuir 280 m/m — 3 t. 450 m/m — 10 c. 305 m/m — 24 c. 76 m/m.
3	1907	Bellerophon — Superb — Temeraire — (tourelles en croix).	19.000 t. — 21 n. 5 — cuir. 280 m/m — 3 t. 450 m/m — 10 c. 305 m/m — 16 c. 102 m/m.
3	1908	St-Vincent — Collingwood — Vanguard — (tourelles en croix).	19.500 t. — 22 n. — cuir. 254 m/m — 3 t. 450 m/m — 10 c. 305 m/m — 18 c. 102 m/m.
3	1909	Neptune — Hercules — Colossus — (tourelles en quinconce).	20.300 t. — 22 n. — cuir. 254 m/m — 3 t. 450 m/m — 10 c. 305 m/m — 16 c. 102 m/m.
1	1912	Agincourt — (ex Osman-turc).	28.000 t. — 22 n. 5 — cuir. 230 m/m — 3 t. 533 m/m — 14 c. 305 m/m — 20 c. 152 m/m — 10 c. 76 m/m.
11			

Antérieurs à 1903

Allemagne

N	Année	Noms	Caractéristiques
8	1889	× Siegfried — × Beowulf — × Fritjof — × Hagen	
	1892	× Heindall — × Hildebrand — × Odin — × Agir	3.500 t. — 16 n. — cuir. 240 m/m — 4 t. X. — 3 c. 240 m/m — 8 c. 88 m/m — 2 c. 65 m/m.
2	1892	× Brandenburg — × Worth	10.200 t. — 17 n. — cuir 400 m/m — 6 t. 450 m/m — 6 c. 280 m/m — 6 c. 105 m/m — 8 c. 88 m/m.
5	1896	Kaiser Friedrich III	
	1900	K. Barbarossa — K. Karl der Grosse — K. Wilhelm II — K. Wilhelm der Grosse.	10.800 t. — 17 n. 5 — cuir. 300 m/m — 6 t. 450 m/m — 4 c. 240 m/m — 14 c. 150 m/m — 14 c. 88 m/m.
5	1900	Witteisbach — Mecklemburg	
	1901	Schwaben — Wettin — Zahringen	12.000 t. — 17 n. 5 — cuir. 225 m/m — 6 t. 450 m/m — 4 c. 240 m/m — 18 c. 150 m/m — 12 c. 88 m/m.
20			

(Transition)

N	Année	Noms	Caractéristiques
5	1902	Braunschweig — Elsass	
	1904	Essen — Preussen — Lothringen	13.200 t. — 18 n. 5 — cuir. 225 m/m — 6 t. 450 m/m — 4 c. 280 m/m — 14 c. 170 m/m — 20 c. 88 m/m.
5	1904	Deutschland — Hannover	
	1906	Pommern — Schlesien — Schleswig-Holstein	13.250 t. — 18 n. 5 — cuir. 240 m/m — 6 t. 450 m/m — 4 c. 280 m/m — 14 c. 170 m/m — 20 c. 88 m/m.
10			

Russie

N	Année	Noms	Caractéristiques
3	1873	× Ladoga — × Nerva — × Obéga	4.500 t. — 12 n. 5 — 4 c. 203 m/m — 6 c. 152 m/m.
1	1888	Imp. Alexandre II	8.500 t. — 15 n. — cuir. 356 m/m — 6 t. 350 m/m — 2 c. 305 m/m — 4 c. 229 m/m — 8 c. 152 m/m.
1	1893	Am. Uschakoff	4.125 t. — 16 n. — cuir. 254 m/m — 4 t. 450 m/m — 4 c. 250 m/m — 4 c. 120 m/m.
1	1899	Cesarevitch	13.000 t. — 18 n. — cuir. 254 m/m — 6 t. 450 m/m — 4 c. 305 m/m — 12 c. 152 m/m — 20 c. 76 m/m.
1	1903	Slava	13.600 t. — 18 n. — cuir. 230 m/m — 4 t. 450 m/m — 4 c. 305 m/m — 12 c. 152 m/m — 20 c. 76 m/m.
7			
2	1907	Imp. Parvel I — Andrel Perosvanin	17.400 t. — 18 n. — cuir. 225 m/m — 6 t. 450 m/m — 4 c. 305 m/m — 14 c. 203 m/m — 12 c. 120 m/m.
2			

DREADNOUGHTS

N	Année	Noms	Caractéristiques
4	1908	Nassau — Posen — Rheinland — Westfalen	18.900 t. — 20 n. — cuir. 250 m/m — 6 t. 450 m/m — 12 c. 280 m/m — 12 c. 150 m/m — 16 c. 88 m/m.
4	1909	Helgoland — Oldenburg	
	1910	Ost-Friesland — Thuringen	22.800 t. — 21 n. — cuir. 280 m/m — 6 t. 500 m/m — 12 c. 305 m/m — 14 c. 150 m/m — 14 c. 88 m/m.
8			

A 1 *(Suite.)*

1910-1915 SUPER-

Angleterre

4	1910	**Monarch** — Conqueror	23.000 t. — 22 n. — cuir. 305 m/m — 3 t. 533 m/m.
	1911	Orion — Thunderer — (tourelles axiales)	10 c. 343 m/m — 16 c. 102 m/m.
4	1911	**King George V** — Ajax	25.000 t. — 22 n. — cuir. 305 m/m — 5 t. 533 m/m.
	1912	Audacious — Centurion	10 c. 343 m/m — 16 c. 102 m/m.
4	1912	**Iron Duke** — Benbow	26.000 t. — 22 n. — cuir. 305 m/m — 5 t. 533 m/m.
	1913	Emperor of India — Malborough	10 c. 343 m/m — 12 c. 152 m/m — 6 c. 76 m/m.
1	1913	**Erin** (ex Reshad, turc)	23.500 t. — 21 n. — cuir. 305 m/m — 3 t. 533 m/m — 10 c. 343 m/m — 16 c. 152 m/m — 4 c. 76 m/m.
2	1913	**Canada** (ex Am. Latorre, chilien) et X	28.500 t. — 23 n. — cuir. 280 m/m — 4 t. 533 m/m — 10 c. 356 m/m — 16 c. 152 m/m — 4 c. 76 m/m.
5	1913	**Queen Elisabeth** — Barham	28.000 t. — 25 n. — cuir. 340 m/m. — 5 t. 533 m/m.
	1914	Malaya — Valiant — Warspite	8 c. 381 m/m — 16 c. 152 m/m — 12 c. 76 m/m.
5	1913	**Royal Sovereing** — Royal Oak	26.500 t. — 23 n. — cuir. 340 m/m — 5 t. 533 m/m.
	1915	Ramillies — Renown — Repulse — Resistence — Resolution — Revenge } achevés ou en achèvement	10 c. 381 m/m — 16 c. 152 m/m — 2 c. 76 m/m.
28			

CROISEURS

1	1913	**Tiger**	30.000 t. — 30 n. — cuir. 230 m/m — 5 t. 533 m/m — 8 c. 343 m/m — 12 c. 152 m/m — 2 c. 76 m/m.
3	1911	**Lion** — Queen Mary	27.000 t. — 28 n. 5. — cuir. 230 m/m — 5 t. 533 m/m
	1912	Princess Royal	8 c. 343 m/m — 16 c. 102 m/m.
3	1909	**Indefatigable**	19.000 t. — 27 n. 5. — cuir. 203 m/m — 3 t. 533 m/m.
	1911	Australia — New Zealand	8 c. 305 m/m — 16 c. 102 m/m.
3	1907	**Invincible**	17.500 t. — 27 n. — cuir. 177 m/m — 3 t. 450 m/m.
10	1909	Indomitable — Inflexible	8 c. 305 m/m — 16 c. 102 m/m.

DREADNOUGHTS

Allemagne

5	1911	**Kaiser** — Kaiserin	
	1912	K. Friedrich der Grosse — Kœnig Albert-Prinz regent Luitpold — 24.500 t. — 21 n. 5. — cuir. 310 m/m — 5 t. 500 m/m — 10 c. 305 m/m — 14 c. 150 m/m — 12 c. 88 m/m.	
1	1912	**Salamis** (grec) — 19.500 t. — 23 n. — cuir. 250 m/m — 8 c. 305 m/m — 12 c. 150 m/m — 12 c. 76 m/m.	
4	1913	**Markgraf** — Kœnig	
	1915	Kronprinz — Grosser Kurfürst — 26.000 t. — 21 n. — cuir. 350 m/m — 5 t. 500 m/m — 10 c. 305 m/m — 14 c. 150 m/m — 10 c. 88 m/m — 4 c. 76 m/m.	
3	1915	**Erz. Worth** — X	en chantiers, non encore lancés.	28.500 t. — 23 n. — cuir. 350 m/m — 5 t. 500 m/m — 8 c. 381 m/m — 16 c. 150 m/m — 12 c. 88 m/m — 4 c. 76 m/m.
13	1916	**Erz. Friedrich III**		

Russie

4	1911	**Gangut** — Petropavlosk — Poltawa — Sevastopol — 23.400 t. — 23 n. — cuir. 223 m/m — 4 t. 530 m/m — 12 c. 305 m/m (tour. triples) — 16 c. 120 m/m.	
4	1914	**Borodino** — Ismail — Kinburn — Navarin — 32.500 t. — 28 n. — cuir. 300 m/m — 12 c. 356 m/m (tour. triples) — 21 c. 130 m/m.	
8			

DE BATAILLE

2	1915-16	**Hindenburg** et Emden (en construction) — 28.000 t. — 28 n. — cuir. 305 m/m — 5 t. 500 m/m — 8 c. 356 m/m — 12 c. 150 m/m — 12 c. 88 m/m — 4 c. 76 m/m.	
2	1913	**Dœrflinger**	
	1914	Lutzow — 26.600 t. — 27 n. — cuir. 305 m/m — 5 t. 500 m/m — 8 c. 305 m/m — 12 c. 150 m/m — 12 c. 88 m/m — 4 c. 76 m/m.	
1	1912	**Seydlitz** — 24.500 t. — 28 n. — cuir. 280 m/m — 5 t. 500 m/m — 10 c. 280 m/m — 12 c. 150 m/m — 12 c. 88 m/m — 4 c. 76 m/m.	
2	1910-11	**Gœben** — Moltke — 23.000 t. — 27 n. — cuir. 200 m/m — 3 t. 500 m/m — 10 c. 280 m/m — 12 c. 150 m/m — 12 c. 88 m/m.	
1	1909	**Von der Tann** — 19.000 t. — 28 n. — cuir. 150 m/m — 8 c. 280 m/m — 10 c. 150 m/m — 16 c. 88 m/m.	
8			

A 1 *(Suite.)* — CROISEURS

Angleterre

3	1907	**Minotaur** — Defense — Schannon	14.600 t. — 24 n. 5 — cuir. 152 m/m — 5 t. 450 m/m — 4 c. 234 m/m — 10 c. 190 m/m — 16 c. 76 m/m.
6	1904 1905	**Blake Prince** — Duke of Edimburg Achilles — Cockrane — Natal — Warrior	13.500 t. — 23 n. 6 — cuir. 152 m/m — 3 t. 450 m/m. 6 c. 234 m/m — 4 c. 190 m/m — (10 c. 152 m/m ou bien des 190 m/m plus les 2 premiers).
6	1904	**Devonshire** — Anthrim — Argyll — Carnarvon — Hampshire — Roxbourgh	10.900 t. — 23 n. — cuir. 152 m/m — 2 t. 450 m/m — 4 c. 190 m/m — 6 c. 152 m/m.
9	1901 1902	**Essex** — Kent — Monmouth — Berwick Cornwall — Cumberland — Donegal — Lancaster — Suffolk	9.800 t. — 23 n. — cuir. 105 m/m — 2 t. 450 m/m. 14 c. 152 m/m — 8 c. 76 m/m.
4	1900 1901	**Drake** — Good Hope King Alfred — Leviathan	14.100 t. — 23 n. 5 — cuir. 152 m/m — 2 t. 450 m/m. 2 c. 234 m/m — 16 c. 152 m/m — 12 c. 76 m/m
6	1899 1900	**Cressy** — Ahoukir — Bacchante Euryalus — Hogue — Sutlej	12.500 t. — 21 n. 5 — cuir 152 m/m — 2 t. 450 m/m — 2 c. 234 m/m — 12 c. 152 m/m — 12 c. 75 m/m.
2 — 36	1895	× **Impérieuse** Warspite	8.400 t. — 18 n. — cuir. 254 m/m — 6 t. 450 m/m. 4 c. 234 m/m — 6 c. 152 m/m.

A 2 — CROISEURS

1	1882	× **Leander**	4.300 t. — 16 n. 4 t. 356 m/m — 10 c. 152 m/m
1	1885	× **Alacrity**	1.400 t. — 18 n. — 4 t. 356 m/m — 4 c. 120 m/m
2	1886	× **Forth** — × **Thames**	4.050 t. — 18 n. — 6 t. 356 m/m — 2 c. 204 m/m — 10 c. 152 m/m.
1	1889	**Vulcan** (transport de torpilles)	6.620 t. — 20 n. — 6 t. 356 m/m — 8 c. 120 m/m
2	1890	× **Philomel** — × **Pearl**	2.575 t. — 19 n. 5 — 4 t. 356 m/m — 8 c. 120 m/m.
2	1890	**Blake** — **Blenheim**	9.000 t. — 21 n. — 2 t. 356 m/m — 2 c. 234 m/m — 10 c. 152 m/m.
9	1890 1891	**Latona** — Andromache — Apollon — Intrepid Iphigenia — Naiad — Sappho — Sirius — Thetis	3.600 t. — 20,21 n. — 4 t. 356 m/m 6 c. 152 m/m — 4 c. 76 m/m.
5	1891 1892	**Edgar** — Endymion — Grafton Hawke — Theseus	7.700 t. — 21 n. — 2 t. 450 m/m. 2 c. 234 m/m — 10 c. 152 m/m — 12 c. 57 m/m.
4	1892	**Royal Arthur** — Crescent — Gibraltar — St-Georges	8.100 t. — 21 n. — 2 t. 450 m/m — 2 c. 234 m/m 10 c. 152 m/m.

CUIRASSÉS

Allemagne

1	1908	**Blücher** — 15.500 t. — 20 n. — cuir. 180 m/m — 4 t. 450 m/m — 12 c. 210 m/m — 8 c. 150 m/m — 16 c. 88 m/m.	
2	1906	**Scharnhorst** — Gneisenau — 11.500 t. — 24 n. — cuir. 150 m/m — 4 t. 450 m/m — 8 c. 210 m/m — 6 c. 150 m/m — 20 c. 88 m/m.	
2	1905	**Yorck** — Roon — 9.500 t. — 21 n. — cuir. 100 m/m — 4 t. 450 m/m — 4 c. 210 m/m — 10 c. 150 m/m — 12 c. 88 m/m.	
2	1901 1902	**Prinz Adalbert** Prinz Friedrich Karl — 9.000 t. — 20 n. 5 — cuir. 100 m/m — 4 t. 450 m/m — 4 c. 210 m/m — 10 c. 150 m/m — 12 c. 88 m/m.	
1	1900	**Prinz Heinrich** — 8.850 t. — 20 n. — cuir. 100 m/m — 4 t. 450 m/m — 2 c. 240 m/m — 10 c. 150 m/m — 12 c. 88 m/m.	
1 — 9	1897	**Furst Bismarck** — 10.700 t. — 19 n. — cuir. 200 m/m — 6 t. 450 m/m — 4 c. 240 m/m — 12 c. 150 m/m — 10 c. 88 m/m.	

Russie

3	1906	**Bayan** — Am. Makharoff — Pallada 7.800 t. — 21 n. — cuir. 200 m/m — 2 t. 450 m/m — 2 c. 203 m/m — 8 c. 152 m/m — 20 c. 76 m/m.
1	1906	**Rurik** — 15.000 t. — 23 n. — cuir. 152 m/m — 2 t. 450 m/m — 4 c. 254 m/m — 8 c. 203 m/m — 20 c. 120 m/m.
1	1899	**Gromobol** — 12.400 t. — 21 n. — cuir. 150 m/m — 5 t. 450 m/m — 4 c. 203 m/m — 22 c. 152 m/m — 12 c. 76 m/m.
1 — 6	1896	**Rossia** — 12.200 t. — 22 n. — cuir. 250 m/m — 5 t. 450 m/m — 4 c. 203 m/m — 16 c. 150 m/m — 12 c. 76 m/m.

PROTÈGES

Allemagne

1	1876	× **Zieten** — 1.000 t. — 16 n. — 2 t. 350 m/m — 6 c. 50 m/m.
2	1882	× **Blitz** — × Pfeil — 1.400 t. — 16 n. 1 t. 350 m/m — 6 c. 88 m/m.
1	1886	× **Greif** — 2.000 t. — 20 n. — 8 c. 88 m/m.
1	1890	**Pelikan** (mouill. de mines) — 2.360 t. — 16 n. 4 c. 88 m/m.
4	1892	**Condor** — Geier — Kormoran — Seeadler — 1.600 t. — 16 n. — 2 t. 350 m/m — 8 c. 105 m/m.
1	1892	**Kaiserin Augusta** — 6.250 t. — 21 n. 5 — 5 t. 450 m/m — 12 c. 150 m/m — 8 c. 88 m/m.

A 2 *(Suite.)*

CROISEURS

Angleterre

6	1893	**Bonaventure** — Astrea — Cambrian — Charybdis — Fox — Hermione	4.360 t. — 20 n. 5 — 4 t. 450 m/m — 2 c. 152 m/m — 8 c. 120 m/m.
2	1895	**Powerful** — Terrible	14.500 t. — 22 n. — 4 t. 450 m/m — 2 c. 234 m/m — 12 c. 152 m/m — 16 c. 76 m/m.
9	1895 1896	**Eclipse** — Minerva — Talbot — Diana Dido — Doris — Isis — Juno — Venus	5.600 t. — 21 n. — 3 t. 450 m/m. 11 c. 152 m/m — 9 c. 76 m/m.
6	1897 1898	**Arrogant** — Furious — Vindictive Hermès — Highflyer — Hyacinth	5.750 t. — 20 n. — 2 t. 450 m/m 10 c. 152 m/m — 11 c. 76 m/m.
6	1897 1898	**Diadem** — Amphitrite — Argonaut Ariadne — Europa — Spartiate	11.100 t. — 21 n. — 3 t. 450 m/m 16 c. 152 m/m — 12 c. 76 m/m.
8	1896 1899	**Pelorus** — Pactolus — Pegasus — Pioneer Pomone — Proserpine — Psyché — Pyramus	2.135 t. — 20 n. 5 — 2 t. 457 m/m 8 c. 102 m/m.
2	1902	**Challenger** — Encounter	5.900 t. — 21 n. — 2 t. 457 m/m — 11 c. 152 m/m — 9 c. 76 m/m.

66

ÉCLAIREURS

4	1904	**Topaze** — Amethyst — Diamond — Sapphire	3.000 t. — 23 n. — 2 t. 457 m/m — 12 c. 102 m/m.
8	1904 1905	**Forward** — Adventure — Attentive — Foresight Pathfinder — Patrol — Sentinel — Skirmisher	2.000 t. — 25 n. — 2 t. 457 m/m 9 c. 102 m/m.
1	1907	**Swift** (conducteur de flottilles)	1.825 t. — 36 n. — 2 t. 457 m/m — 4 c. 102 m/m
2	1908	**Bellona** — Boudicea	3.300 t. — 26 n. — 2 t. 457 m/m — 6 c. 102 m/m
5	1909	**Blonde** — Amphion — Active — Blanche — Fearless	3.360 t. — 25 n. — 2 t. 533 m/m — 10 c. 102 m/m.
5	1910	**Liverpool** — Bristol — Glasgow — Gloucester — Newcastle	4.800 t. — 26 n. — 2 t. 457 m/m — 2 c. 152 m/m — 10 c. 102 m/m.
4	1911	**Falmouth** — Dartmouth — Weymouth — Yarmouth	5.250 t. — 26 n. — 2 t. 533 m/m — 8 c. 152 m/m.
6	1912	**Chatham** — Dublin — Southampton — Brisbane — Melbourne — Sidney	5.400 t. — 26 n. — cuir. 51 m/m — 2 t. 533 m/m — 8 c. 152 m/m.

PROTÉGÉS *(Suite.)*

Allemagne

1	1893	**Gefion** — 4.100 t. — 20 n. 5 — 2 t. 450 m/m — 8 c. 150 m/m — 10 c. 105 m/m.
1	1895	**Hela** — 2.000 t. — 20 n. 5 — 3 t. 450 m/m — 4 c. 88 m/m.
5	1897 1898	**Freya** — Hansa — Hertha Victoria Luise — Vineta — 5.650 t. — 19 n. — 3 t. 450 m/m — 2 c. 210 m/m 6 c. 150 m/m — 14 c. 88 m/m.
3 4	1898 1900	**Gazelle** — Niobé — Nymph Amazone — Ariadne — Medusa — Thetis — 2.650 t. — 21 n. 5 — 2 t. 450 m/m — 10 c. 105 m/m.
3	1902	**Arcona** — Frauenlob — Undine — 2.715 t. — 22 n. — 2 t. 450 m/m — 10 c. 105 m/m.

27

D'ESCADRES

8	1903	**Bremen** — Berlin — Hamburg — 3.250 t. — 23 n. — 2 t. 450 m/m — 10 c. 105 m/m.
4	1904	**Danzig** — Leipzig — Lübeck — Munchen — 3.250 t. — 23 n. — 2 t. 450 m/m — 10 c. 105 m/m.
1	1905	**Kœnigsberg** — 3.350 t. — 23 n. — 2 t. 450 m/m — 10 c. 105 m/m.
3	1906	**Nürnberg** — Stettin — Stuttgart — 3.450 t. — 24 n. — 2 t. 450 m/m — 10 c. 105 m/m.
2	1908	**Dresden** — Emden — 3.600 t. — 24 n. 5 — 2 t. 450 m/m — 10 c. 105 m/m.
2	1909	**Kolberg** — Mainz — 4.300 t. — 27 n. — 2 t. 450 m/m — 12 c. 105 m/m.
2	1909	**Nautilus** — Albatros (mouill. de mines) — 1.875 t. — 20 n. — 8 c. 88 m/m.
2	1910	**Augsburg** — Köln — 4.500 t. — 26 n. 5 — 2 t. 450 m/m — 12 c. 105 m/m.
4	1911	**Breslau** — Magdeburg — Stralsund — Strassburg — 4.550 t. — 27 n. — 2 t. 450 m/m — ceint. 100 m/m — 12 c. 105 m/m.
2	1912	**Karlsruhe** — Rostock — 4.900 t. — 28 n. — ceint. 100 m/m — 2 t. 450 m/m — 12 c. 105 m/m.

Russie

2	1899 1900	**Diana** Aurora — 6.750 t. — 19 n. 5 — 4 t. 450 m/m — 10 c. 152 m/m — 20 c. 76 m/m.
1	1900	**Askold** — 6.500 t. — 24 n. — 3 t. 450 m/m — 12 c. 152 m/m — 10 c. 76 m/m.
2 5	1901 1902	**Bogatyr** Oleg — 6.650 t. — 24 n. — 4 t. 450 m/m — 12 c. 152 m/m — 12 c. 76 m/m.
1	1903	**Jemtchug** — 3.100 t. — 24 n. 5 — 3 t. 450 m/m — 8 c. 120 m/m.
1	1903	**Almaz** (yacht du ministre) — 3.300 t. — 19 n. — 4 c. 76 m/m.
2	1907	**Amur** — Ienisseï (mouilleurs de mines) — 3.000 t. — 18 n. 4 — 2 c. 120 m/m — 8 c. 76 m/m.

A 2 *(Suite.)*

ÉCLAIREURS

Angleterre

3	1913	**Birmingham** — Nottingham — Lowestoft	5.440 t. — 28 n. — cuir. 76 m/m — 2 t. 533 m/m — 9 c. 152 m/m.
8	1913	**Arethusa** — Aurora — Galatea — Inconstant — Penelope — Phaeton — Royalist — Undaunted	3.600 t. — 30 n. — cuir. 76 m/m — 2 t. 533 m/m — 2 c. 152 m/m — 6 c. 102 m/m.
8	1914	**Calliope** — Carolina — Carysford — Champion — Cleopatra — Comus — Conquest — Cordelia	3.800 t. — 30 n. — cuir. 76 m/m — 2 t. 533 m/m — 3 c. 152 m/m — 6 c. 102 m/m.
2	1914	**Faulkner** — Broke (constr. p. Chili) conduct. de flottilles.	1.580 t. — 32 n. — 3 t. 533 m/m — 6 c. 102 m/m
6 — 62	1915	**Botha** — Kempenfeldt — Lightfoot — Marhsman — Nimrod — Tipperary — conducteurs de flottilles.	1.900 t. — 35 n. — 3 t. 533 m/m — 6 c. 102 m/m

CANONNIÈRES

5	1894 1898	**Torch** — Alert — Rinaldo Shearwater — Vestal	960 t. — 13 n. 5 — 6 c. 102 m/m.
8	1895 1902	**Algerine** — Phœnix — Fantome — Merlin Cadmus — Clio — Espiègle — Odin	1.100 t. — 13 n. 5. — 6 c. 102 m/m.
4	1898-99	**Dwarf** — Bramble — Britomart — Thistle	700 t. — 14 n. — 2 c. 102 m/m — 4 c. 76 m/m.
3 — 20	1914	**Humber** — Severn — Thames (construits p. le Brésil et réquisit.)	1.250 t. — 11 n. 5 — cuir. 150 m/m — 2 c. 150 m/m — 2 obusiers 127 m/m.

A 3

DESTROYERS ET

6	1889	**Sharpshooter** — Gossamer — Seagull Skipjack — Spanker — Speedwell.	735 t. — 21 n. — 5 t. 457 m/m — 2 c. 120 m/m.
9	1891-93	**Speedy** — Antilope — Circé — Hebe — Janus — Jason — Leda — Niger — Renard	810 t. — 20 n. — 5 t. 457 m/m — 2 c. 120 m/m.
5	1894	**Dryad** — Halcyon — Harrier — Hazard — Hussar	1.070 t. — 19 n. 6 — 5 t. 457 m/m — 2 c. 120 m/m.
14	1894 1895	**Ardent** — Boxer — Bruiser — Conflict — Contest — Dragon Hornet — Lightning — Lynx — Opossum — Porcupine — Sunfish — Surly — Wizard	250 à 280 t. — 27 à 28 n. — 2 t. 457 m/m. — 1 c. 76 m/m — 5 c. 57 m/m.
70	1896	**Angler** — Avon — Bat — Brazen — Chamois — Crane — Desperate — Earnest — Fawn — Foam — Griffon — Locust — Mallard — Panther — Quail — Sparowhawk — Star — Trasher — Virago — Whiting — Ariel — Bittern	300 à 360 t. — 30 à 31 n. — 2 t. 457 m/m — 1 c. 76 m/m — 5 c. 57 m/m.

D'ESCADRES *(Suite.)*

Allemagne

2	1913	**Graudenz** — Regensburg — 4.900 t. — 28 n. — ceint. 100 m/m — 2 t. 450 m/m — 12 c. 105 m/m.	
2	1915	**Nevelskof** Murajiero Amurski (en chantiers p. la Russie) 4.500 t. — 27 n. 5 — ceint. 76 m/m — 5 t. 450 m/m — 8 c. 127 m/m — 4 c. 65 m/m.	
4 — 33	1915	**Ers. Gazelle** Ers. Gefion Ers. Hela Ers. Nishe (en chantiers) — 5.300 t. — 28 n. — ceint. 100 m/m — 3 t. 450 m/m — 10 c. 150 m/m.	

Russie

4 — 8	1913	**Amiral Greig** — Am. Spiridof — Am. Butakow — Svietlana — 6.750 t. — 32 n. — ceint. 75 m/m — 16 c. 152 m/m — 5 c. 63 m/m.	

CANONNIÈRES

Allemagne

2	1885	**Brunmer** — Bremse — 860 t. — 14 n. 5 — 2 t. 350 m/m — 1 c. 210 m/m — 1 c. 88 m/m.	
2	1887	**Schwalbe** — Sperber — 1.200 t. — 13 n. 5 — 2 t. 350 m/m — 8 c. 105 m/m.	
2	1898	**Iltis** — Jaguar — 900 t. — 13 n. 5 — 4 c. 88 m/m.	
2	1899	**Luchs** — Tiger — 900 t. — 13 n. 5 — 2 c. 105 m/m.	
2 — 10	1903	**Eber** — Panther — 900 t. — 13 n. 5 — 2 c. 105 m/m.	

Russie

1	1877	**Europa** — 2.800 t. — 13 n. — 5 c. 150 m/m — 4 c. 100 m/m.	
4	1907	**Bobr** — Guiliak — Korejetz — Sivoutch — 870 t. — 12 n. — 2 c. 120 m/m — 4 c. 75 m/m.	
1 — 6	1909	**Khivenetz** — 1.300 t. — 13 n. — 2 c. 120 m/m — 8 c. 75 m/m.	

CONTRE-TORPILLEURS

Allemagne

Outre les numéros connus de contre-torpilleurs coulés, on estime, au 1er octobre 1915, à une quarantaine ceux qui ont été détruits depuis le début des hostilités et dont les numéros n'ont pu être repérés.

8	1880 1898	**D. 3** — 4 — 5 — **D.** 6 — 7 — 8 — 9 — 10 — 300 à 380 t. — 21 à 27 n. — 3 t. 450 m/m — 5 c. 52 m/m	
11	1899	**Taku** (pris aux Chinois) — 280 t. — 30 n. — 2 t. 380 m/m — 2 c. 52 m/m.	

Russie

13	1895 1901	**Parajoutchy** — Podvijui Poslouchny — Pritky — Prosorlivy — Protchny — Rezwy — Retivy — Itiany — Smiely — Serdity — Skory — Statny — 240 t. — 27-29 n. — 2 t. 450 m/m — 1 c. 75 m/m.	
15	1899 1902	**Bezstrachny** — Bezchomny Bezpochtadny — Bditelny — Bojewoi — Burny — Ing-Dmitriev — Grosovoli — Cap. Jurassowsky — Lt-Sergew — Ing-Swerew — Vlastny — Vnimatelny — Vnuschitelny — Vynoslivy — 320-350 t. 28 n. — 2 et 3 t. 450 m/m — 1 et 3 c. 75 m/m.	

A 3 (Suite.) — DESTROYERS ET CONTRE-TORPILLEURS (Suite.)

Angleterre

	Année	Noms	Caractéristiques
	1897	Cheerful — Coquette — Express — Fairy — Fawn — Flirt — Flying Fish — Gipsy — Leopard — Otter — Seal — Wolf — Albatross — Bullfinch	
	1898	Cygnet — Cynthia — Lee — Mermaid — Peterel — Spiteful — Stag	
	1900	Arab — Dove — Electra — Falcon — Greyhound — Kangaroo — Kestrel	
	1901	Leven — Lively — Myrmidon — Orwell — Osprey — Ostrich — Racehorse — Recruit — Roebuck — Sprightly — Success — Sylvia — Syren — Thorn — Tiger — Vigilant — Violet — Vixen — Vulture — Velox	
36	1904 1906	Albacore — Arun — Bonetta — Chelmer — Cherwell — Colne — Dee — Derwent — Doon — Eden — Erne — Ettrick — Exe — Foyle — Itchen — Jud — Kale — Kennet — Liffey — Moy — Ness — Nith — Ouse — Qarry — Ribble — Rother — River — Stair — Swall — Test — Teviot — Ure — Usk — Waveney — Wear — Welland	450 t. — 26 n. — 2 t. 457 m/m — 4 c. 76 m/m.
5	1907	Afridi — Cossack — Ghurka — Mohawk — Tartar	870 t. — 33 n. — 2 t. 457 m/m — 5 c. 76 m/m.
2	1908	Amazon — Saracen	970 t. — 33 m. — 2 t. 457 m/m — 2 c. 102 m/m.
5	1909	Maori — Crusader — Nubian — Viking — Zulu	1.000 t. — 33 n. — 2 t. 457 m/m — 2 c. 102 m/m
16	1910	Beagle — Basilisk — Bulldog — Foxhound — Grasshopper — Harpy — Mosquito — Nautilus — Pincher — Racoon — Rattlesnake — Renard — Savage — Scorpion — Scourge — Wolverine	900 t. — 27 n. — 2 t. 457 m/m — 1 c. 102 m/m — 3 c. 76 m/m.
43	1910 1911	Acorn — Achéron — Alarm — Archer — Ariel — Attack — Badger — Beaver — Brisk — Cameleon — Cornet — Defender — Druid — Ferret — Forester — Firedrake — Goldfinch — Fury — Goshawk — Hind — Hope — Hornet — Hydra — Jackal — Lapwing — Larne — Lizard — Lurcher — Lyra — Martin — Minstral — Nemesis — Nereide — Nymph — Oak — Phœnix — Redepole — Rifleman — Ruby — Sandfly — Sheldrack — Staunch — Tigress	780 t. — 28 n. — 2 t. 457 m/m. 2 c. 102 m/m — 2 c. 76 m/m.

CONTRE-TORPILLEURS (Suite.)

Allemagne

	Année	Noms et caractéristiques
18	1899 1901	S. 90 — 91 — 92 — 93 — 94 S. 95 — 96 — 97 — 98 — 99 — 100 — 101 — 102 — 103 — 104 — 105 — 106 — 107 — 350 t. — 26 à 27 n. — 3 t. 450 m/m — 3 c. 52 m/m.
6	1902	G. 108 — 109 — 110 — 111 — 112 — 113 — 350 t. — 28 n. — 3 t. 450 m/m — 3 c. 52 m/m.
12	1903 1904 1905	S. 114 — 115 — 116 — 117 — 118 S. 119 — 120 — 121 — 122 S. 123 — 124 — 125 — 450 t. — 28 n. — 3 t. 450 m/m — 3 c. 52 m/m.
6	1906	S. 126 — 127 — 128 — 129 — 130 — 131 — 490 t. — 28 n. — 3 t. 450 m/m — 3 c. 52 m/m.
15	1907	G. 132 — 133 — 134 — 135 — 136 — 490 t. — 28 n. 5 — G. 137 — 575 t. — 34 n. } 3 t. 450 m/m. 4 c. 52 m/m. S. 138 — 139 — 140 — 141 — 142 — 143 — 144 — 145 — 146 — 147 — 148 — 149 — 530 t. — 29 n. } 3 t. 450 m/m. 1 c. 88 m/m. 3 c. 52 m/m.
12	1908	V. 150 — 151 — 152 — 153 — 154 — 155 — 156 — 157 — 158 — 159 — 160 — 161 — 550 t. — 30 n. — 3 t. 450 m/m — 2 c. 88 m/m.
12	1909	V. 162 — 163 — 164 S. 165 — 166 — 167 — 168 G. 169 — 170 — 171 — 172 — 173 — 625 t. — 34 n. — 3 t. 450 m/m — 2 c. 88 m/m.
12	1910	G. 174 — 175 S. 176 — 177 — 178 — 179 V. 180 — 181 — 182 — 183 — 184 — 185 — 650 t. — 34 n. — 4 t. 450 m/m — 2 c. 88 m/m.

Russie

	Année	Noms et caractéristiques
16	1901 1905	Iskusny — Ispontelny — Legky Krepkry — Letschusky — Likol — Lt-Burakoff — Mejtky — Molodetzky — Mosching — Lovky — Anastasoff — Lt-Maleliew — Toschny — Trevoschny — Twerdy — 335 t. — 27 n. — 2 t. 450 m/m — 1 c. 75 m/m.
14	1902 1906	Bravi — Boiki — Bodry — Dielny — Diatelny — Dostoiny Rastoropny — Groznij — Rajiatchy — Storogovoy — Stilny — Stroyny — Gromiatchy — Vidny — 360 t. — 27 n. — 2 et 3 t. 450 m/m — 1 ou 2 c. 75 m/m.
8	1905 1908	Douskoi Kosak Kazanetz — Sabatkaletz — Stachny — Steregoutchy — Trumenetz — Ukrania — Voiskovoi — 600 t. — 28 n. — 2 t. 450 m/m — 2 c. 105 m/m.
8	1908 1910	Em. Buckarwski Amuretz — Dabrowcietz — Finn — Gaidamak — Moskwitjanin — Ussurietz — Vsadnik — 620 t. — 30 n. — 3 t. 450 m/m — 1 c. 105 m/m.

A 3 *(Suite.)*

DESTROYERS ET CONTRE-TORPILLEURS *(Suite)*

Angleterre

6	1911	**Derwent** — Paramatta — Swan — Torrens — Warrego — Yarra (p. l'Australie)	710 t. — 26 n. — 3 t. 457 m/m — 1 c. 102 m/m — 3 c. 76 m/m.
20	1912	**Acasta** — Achates — Ambuscade — Ardent — Christopher — Cokatrice — Contest — Fortune — Garland — Hardy — Lynck — Midge — Owol — Paragon — Porpoise — Shark — Sparowhawk — Spitfire — Unity — Victor	950 t. — 32 n. — 4 t. doubl. 533 m/m — 3 c 102 m/m.
20	1913	**Laeries** — Laforey — Lance — Landrail — Lark — Laurel — Laverock — Lawford — Legion — Lennox — Leonidas — Liberty — Llewellyn — Linnet — Lookout — Louis — Loyal — Lucifer — Lydiard — Lysander	985 t. — 30 n. — 4 t. doubl. 533 m/m — 3 c 102 m/m.
13	1914	**Mauly** — Mansfield — Mastiff — Matchless — Mentor — Meteor — Milne — Ming — Minos — Miranda — Morsom — Morris — Murray	1.350 t. — 35 n. — 4 t. doubl. 533 m/m — 4 c. 102 m/m.
207			

SOUS-MARINS

9	1904	A. 5 — 6 — 7 — 8 — 9 — 10 — 11 — 12 — 13	180/210 t. — 12/8 n. — 2 t. 457 m/m
11	1905	B. 1 — 2 — 3 — 4 — 5 — 6 — 7 — 8 — 9 — 10 — 11	280/320 t. — 13/8 n. — 2 t. 457 m/m.
10	1906	C. 1 — 2 — 3 — 4 — 5 — 6 — 7 — 8 — 9 — 10	
8	1907	C. 11 — 12 — 13 — 14 — 15 — 16 — 17 — 18	
10	1908	C. 19 — 20 — 21 — 22 — 23 — 24 — 25 — 26 — 27 — 28	280/325 t. — 13/9 n. — 2 t. 457 m/m.
10	1909	C. 29 — 30 — 31 — 32 — 33 — 34 — 35 — 36 — 37 — 38	
8	1910-11	D. 1 — 2 — 3 — 4 — 5 — 6 — 7 — 8	550/600 t. — 14/10 n. — 3 t. 457 m/m — 1 c. 76 m/m.
18	1912	E. 1 — 2 — 3 — 4 — 5 — 6 — 7 — 8 — 9 — 10 — 11 — 12 — 13 — 14 — 15 — 16 — 17 — 18	750/820 t. — 16/10 n. — 4 t. 533 m/m — 2 c. 76 m/m.
8	1913	F. 1 — 2 — 3 — 4 — 5 — 6 — 7 — 8	1.050/1.200 t. — 20/13 n. — 6 t. 533 m/m — 4 c. 76 m/m.
2	1913	Æ. 1 — 2 (pour l'Australie)	750/820 t. — 16/10 n. — 4 t. 533 m/m — 2 c. 76 m/m.
1	1913	**Fiat**	710/825 t.
	1914	G. X × × × × × × ?	
1	1914	**F. S. V. W.**	1.350/1.500 t. — 24/16 n. — 8 t. 533 m/m — 4 c. 105 m/m.
1	1914	**Nanticus**	
1	1914	**Swordfish**	
95 + X			

✤ Au 1er octobre 1915 plus de 55 sous-marins allemands avaient été coulés, soit la presque totalité

CONTRE-TORPILLEURS *(Suite)*

Allemagne

12	1911	V. 186 — 187 — 188 — 189 — 190 — 191 — G. 192 — 193 — 194 — 195 — 196 — 197 — 660 t. — 35 n. — 4 t. 450 m/m — 2 c. 88 m/m.
24	1912	V. 1 — 2 — 3 — 4 — 5 — 6 — G. 7 — 8 — 9 — 10 — 11 — 12 — S. 13 — 14 — 15 — 16 — 17 — 18 — 19 — 20 — 21 — 22 — 23 — 24 — 570 t. — 35 n. — 5 t. 450 m/m — 2 c. 88 m/m.
12	1913	V. 25 — 26 — 27 — 28 — 29 — 30 — S. 31 — 32 — 33 — 34 — 35 — 36 — 820 t. — 35 n. — 5 t. 510 m/m — 2 c. 88 m/m.
4	1913	X — X — X — X (constr. p. Hollande) 350 t. — 30 n. — 4 t. 510 m/m — 2 c. 75 m/m.
12	1914	G. 37 — 38 — 39 — 40 — 41 — 42 — V. 43 — 44 — 45 — 46 — 47 — 48 — 820 t. — 35 n. — 7 t. 510 m/m — 2 c. 88 m/m.
4	1914	G. X — X — X — X (construits p. Argentine) 1.250 t. — 32 n. — 7 t. 510 m/m — 3 c. 100 m/m.
173		

Russie

4	1910	**Kondratenko**
	1912	**Ochotnick** — Pogranichick — Sibirsky Strelok — 625 t. — 30 n. — 3 t. 450 m/m — 2 c. 105 m/m.
37	1913	**Novik** — Asard — Avtroil
	1915	Belli — Biatschislaw — Ghios — Desna — Lt Dubassov — Gavril — Grangham — Grom — Gromonosets — Hochland — Lt-Jiine — Cap. Isyimotjeff — Cap. Kern — Cap. Kingsbergen — Konon Sotof — Koulm — Konstantin — Cap. Krown — Kymnik — Letoun — Lt Lombard — Michail — Orphe — Patras — Priamislaw — Pobiedital — Samsoun — Smolensk — Sokol — Stirsouden — Feodor Stratilat — Tenedos — Wladimir — Zabiaka — 1.350 t. — 36 n. 5 — 12 t. 450 m/m — 3 c. 105 m/m.
125		

MARINS ✤

Allemagne

1	1905	U. 1 — 190/240 t. — 11/7 n. — 1 t. 450 m/m.
7	1907	U. 2 — 3 — 4
	1909	U. 5 — 6 — 7 — 8 — 240/300 t. — 12/8 n. — 2 t. 450 m/m.
4	1910	U. 9 — 10 — 11 — 12 — 300/400 t. — 13/8 n. — 3 t. 450 m/m — 2 c. 37 m/m.
3	1911	U. 13 — 14 — 15 — 450/550 t. — 13/9 n. — 3 t. 450 m/m — 1 c. 37 m/m.
4	1912	U. 16 — 17 — 18 — 19 — 20 — 650/750 t. — 14/8 n. — 4 t. 450 m/m — 2 c. 37 m/m.
8	1913	U. 21 — 22 — 23 — 24 — 25 — 26 — 27 — 28 — 650/800 t. — 18/10 n. — 4 t. 510 m/m — 2 c. 88 m/m.
8	1914	U. 29 — 30 — 31 — 32
	1915	U. 33 — 34 — 35 — 36 — 900/1.200 t. — 20/15 n. — 4 t. 550 m/m — 1 c. 88 m/m — 1 c. 37 m/m.
2	1915	U. 37 — 38 — 750/900 t. — 17/12 n. — 5 t. 510 m/m.
15	1916	U. 39 à U. 53 (en constr.) 900/1.200 t. — 20/12 n. — 4 t. 550 m/m — 4 c. 88 m/m.
20	1916	20 unités en construction × ×
72	1915	4 unités (détruits sur chantiers en Belgique par avions) 400/600 t.

Russie

4	1905 / 1906	**Makrel** — Okun / Akula — Minoga — 150/200 t. — 8/6 n. — 2 t. 380 m/m.
4	1907 / 1909	**Bieiouga** — Peskar / Sterliad — Sig — 125/175 t. — 10/7 n. — 2 t. 380 m/m.
4	1911	**Alligator** — Dragon — Kaiman — Krokodil — 550/400 t. — 16/9 n. — 2 t. 450 m/m.
7	1912	**Edinogred** — Forel — Jasy — Jotek — Ongor — Posehiooy — Smeia — 620/700 t. — 16/10 n. — 3 t. 450 m/m.
12	1913	**Bars** — Kougouard
	1914	Guepard — Jaguars — Lvitza — Leopard — Panther — Hiss — Tigr — Tour — Vepr — Volk — 2.200/2.400 t. — 26/18 n. — 4 t. 530 m/m — X. c. X. m/m.
31		

de ces navires, y compris ceux construits depuis le début des hostilités.

B 1

CUIRASSÉS

France

1	1883-1902	× Furieux (g. côtes)	6.000 t. — 14 n. — cuir. 500 m/m — 2 t. 350 m/m — 2 c. 240 m/m — 4 c. 65 m/m.
3	1885-1890	× Indomptable (garde-côtes) — × Requin — × Caïman	7.800 t. — 15 n. — cuir. 500 m/m — 2 t. 350 m/m — 2 c. 274 m/m — 6 c. 100 m/m.
1	1887	× Marceau	10.900 t. — 17 n. 5 — cuir. 450 m/m — 6 t. 380 m/m — 4 c. 340 — 17 c. 140 m/m — 6 c. 65 m/m.
2	1892	× Bouvines (garde-côtes) — × Trébouart	6.600 t. — 17 n. — cuir. 460 m/m — 2 t. 450 m/m — 2 c. 305 m/m — 8 c. 100 m/m.
1	1892	× Brennus	11.400 t. — 17 n. 5 — cuir. 450 m/m — 4 t. 450 m/m — 3 c. 340 m/m — 10 c. 164 m/m — 4 c. 65 m/m.
2	1893 1894	Charles-Martel Carnot — Jauréguiberry	12.000 t. — 18 n. — cuir. 450 m/m — 6 t. 450 m/m — 2 c. 305 m/m — 2 c. 274 m/m — 8 c. 138 m/m — 4 c. 65 m/m.
2	1895	Bouvet — Masséna	12.200 t. — 18 n. — cuir. 400 m/m — 4 t. 450 m/m — 2 c. 305 m/m — 2 c. 274 m/m — 8 c. 138 m/m — 8 c. 100 m/m.
3	1896	Saint-Louis — Charlemagne — Gaulois	11.300 t. — 18 n. — cuir. 400 m/m — 4 t. 450 m/m — 4 c. 305 m/m — 10 c. 138 m/m — 8 c. 100 m/m.
1	1899	Suffren	12.750 t. — 18 n. — cuir. 300 m/m — 4 t. 450 m/m — 4 c. 305 m/m — 10 c. 164 m/m — 8 c. 100 m/m.
1	1899	Henri IV (garde-côtes)	9.000 t. — 17 n. 5 — cuir. 280 m/m — 2 t. 450 m/m — 2 c. 274 m/m — 7 c. 138 m/m.
2	1902 1903	République Patrie	14.900 t. — 19 n. — cuir. 280 m/m — 5 t. 450 m/m — 4 c. 305 m/m — 18 c. 164 m/m — 13 c. 65 m/m.
3	1904 1906	Justice Démocratie — Vérité	14.900 t. — 19 n. 5 — cuir. 280 m/m — 4 t. 450 m/m — 4 c. 305 m/m — 10 c. 194 m/m — 13 c. 65 m/m.
6 — 29	1909 1911	Danton — Condorcet — Diderot Mirabeau — Vergniaud — Voltaire	18.500 t. — 19 n. 5 — cuir. 270 m/m — 2 t. 450 m/m — 4 c. 305 m/m — 12 c. 240 m/m — 16 c. 75 m/m.

DREADNOUGHTS ET

4	1911 1913	Jean-Bart — Courbet France — Paris	23.500 t. — 21 n. 5 — cuir. 270 m/m — 4 t. 450 m/m — 12 c. 305 m/m — 22 c. 138 m/m.
3	1913	Bretagne — Lorraine — Provence	23.500 t. — 23 n. — cuir. 270 m/m — 6 t. 450 m/m — 10 c. 340 m/m — 22 c. 138 m/m.

CUIRASSÉS

Autriche-Hongrie

2	1895 1896	Budapest Monarch — Wien	5.600 t. — 17 n. 5 — cuir. 270 m/m — 4 t. 450 m/m — 4 c. 240 m/m — 6 c. 152 m/m.
3	1900 1902	Habsburg Arpad — Babenberg	8.350 t. — 19 n. — cuir. 220 m/m — 2 t. 450 m/m — 3 c. 240 m/m — 12 c. 152 m/m — 19 c. 70 m/m.
3	1904 1905	Erzherzog Karl Erz. Friedrich — Erz. Ferdinand Max	10.600 t. — 20 n. — cuir. 210 m/m — 2 t. 450 m/m — 4 c. 240 m/m — 12 c. 190 m/m — 12 c. 70 m/m.
3 — 12	1908 1910	Radetsky Erzh. Franz Ferdinand — Zrinyi	14.500 t. — 20 n. 5 — cuir. 230 m/m — 3 t. 450 m/m — 4 c. 305 m/m — 8 c. 240 m/m — 20 c. 100 m/m — 6 c. 76 m/m.

SUPER-DREADNOUGHTS

4	1911 1915	Viribus Unitis Tegethoff — Prinz Eugen — Svent Istvan — (en chantier)	20.000 t. — 20 n. 5 — cuir. 280 m/m — 4 t. 530 m/m — 12 c. 305 m/m — 12 c. 150 m/m — 18 c. 70 m/m.

Italie

1	1878-1898	× Dandolo	14.000 t. — 17 n. — cuir. 550 m/m — 4 t. 350 m/m — 4 c. 430 m/m — 8 c. 152 m/m — 4 c. 120 m/m — 2 c. 75 m/m.
2	1890 1891	× Sardagna × Sicilia	14.000 t. — 19 n. 5 — cuir. 100 m/m — 5 t. 450 m/m — 4 c. 343 m/m — 8 c. 152 m/m — 16 c. 120 m/m — 2 c. 75 m/m.
2	1898	Amiraglio di S. Bon — Emmanuele Filiberto	9.800 t. — 18 n. — cuir. 250 m/m — 4 t. 450 m/m — 4 c. 254 m/m — 8 c. 152 m/m — 8 c. 120 m/m.
2	1901	Benedetto Brin — Regina Margherita	13.500 t. — 21 n. — cuir. 150 m/m — 4 t. 450 m/m — 4 c. 305 m/m — 4 c. 203 m/m — 12 c. 152 m/m — 20 c. 76 m/m.
4 — 11	1906	Vittorio Emmanuele — Napoli — Roma — Regina Elena	12.600 t. — 20 n. 5 — cuir. 250 m/m — 4 t. 450 m/m — 2 c. 305 m/m — 12 c. 203 m/m — 16 c. 76 m/m.
1	1910	Dante Alighieri	18.400 t. — 24 n. — cuir. 250 m/m — 3 t. 450 m/m — 12 c. 305 m/m — 20 c. 120 m/m — 16 c. 76 m/m.
3	1911 1912	Conte di Cavour Giulio Cesare — Léonard de Vinci	22.700 t. — 23 n. — cuir. 240 m/m — 2 t. 450 m/m — 13 c. 305 m/m — 18 c. 120 m/m — 18 c. 76 m/m.

B 1 *(Suite.)* — DREADNOUGHTS ET

France

5	1914 1915	**Normandie** — Flandre — Béarn — Gascogne — Languedoc	en achèvement : 25.500 t. — 23 n. 5 — cuir. 300 m/m — 6 t. 530 m/m — 12 c. 340 m/m — 24 c. 138 m/m.
4 — 16	1915 1916	**Duquesne** — Tourville — Lille — Lyon	en construction : 30.000 t. — 24 n. 5 — cuir. 300 m/m — 6 t. 530 m/m — 16 c. 340 m/m — 24 c. 138 m/m.

CROISEURS

1	1891	**Dupuy de Lôme**	6.400 t. — 21 n. — cuir. 110 m/m — 2 t. 450 m/m — 2 c. 194 m/m — 6 c. 164 m/m — 4 c. 65 m/m.
3	1892 1893	**Charner** — Bruix — Latouche Tréville	4.750 t. — 20 n. — cuir. 95 m/m — 4 t. 450 m/m — 2 c. 194 m/m — 6 c. 138 m/m — 4 c. 65 m/m.
1	1895	**Pothuau**	5.400 t. — 20 n. — cuir. 60 m/m — 4 t. 450 m/m — 2 c. 194 m/m — 10 c. 138 m/m.
1	1897	**Jeanne d'Arc**	11.300 t. — 24 n. — cuir. 150 m/m — 2 t. 450 m/m — 2 c. 194 m/m — 14 c. 138 m/m.
3	1900 1901	**Desaix** — Dupleix — Kléber	7.700 t. — 21 n. 5 — cuir. 102 m/m — 2 t. 450 m/m — 8 c. 164 m/m — 4 c. 100 m/m.
7	1900 1902	**Gueydon** — Montcalm — Dupetit-Thouars — Gloire — Amiral Aube — Condé — Marseillaise	9.500 t. / 10.500 t. — 22 n. — cuir. 150 m/m — 2 t. 450 m/m — 2 c. 194 m/m — 8 c. 164 m/m — 6 c. 100 m/m — 22 n. 5 — cuir. 170 m/m — 2 t. 450 m/m.
4	1902 1907	**Léon Gambetta** — J. Ferry — Victor Hugo — J. Michelet	12.600 t. — 23 n. — cuir. 170 m/m — 4 t. 450 m/m — 4 c. 194 m/m — 16 c. 164 m/m — 2 c. 65 m/m.
3 — 23	1907 1909	**Ernest Renan** — Edgard Quinet — Waldeck Rousseau	14.000 t. — 24 n. 5 — 4 c. 194 m/m — 12 c. 164 m/m — 18 c. 65 m/m. cuir. 170 m/m — 2 t. 450 m/m — 14 c. 194 m/m — 20 c. 65 m/m.

CROISEURS

2	1889	**Surcouf** — Cosmao	1.850 t. — 20 n. — 5 t. 380 m/m — 4 c. 138 m/m.
3	1893 1896	**Friant** — Cassard — Duchayla	3.800 t. / 4.000 t. — 19 n. 5 — 2 t. 450 m/m — 6 c. 164 m/m — 4 c. 100 m/m.
1	1894	**Descartes**	4.000 t. — 21 n. — 2 t. 450 m/m — 4 c. 164 m/m — 10 c. 100 m/m.
1	1895	**Foudre** (porte-avions)	6.100 t. — 20 n. — 4 t. 450 m/m — 8 c. 100 m/m — 4 c. 65 m/m.
1	1896	**d'Entrecasteaux**	8.100 t. — 19 n. 5 — 4 t. 450 m/m — 2 c. 240 m/m — 12 c. 138 m/m.
1	1896	**Lavoisier**	2.300 t. — 21 n. — 2 t. 450 m/m — 4 c. 138 m/m — 2 c. 100 m/m.
1	1897	**d'Estrées**	2.450 t. — 20 n. 5 — 2 c. 138 m/m — 4 c. 100 m/m.
2	1897	**Guichen** — Chateaurenault	8.300 t. — 23 n. 5 — 2 c. 164 m/m — 8 c. 138 m/m.
1	1899	**Jurien de la Gravière**	5.700 t. — 23 n. — 8 c. 164 m/m — 2 c. 65 m/m.
3 — 16	1914 1915	**La Motte Picquet** — X — X (en construction)	4.800 t. — 31 n. 5 — 2 t. 530 m/m — 8 c. 138 m/m.

SUPER-DREADNOUGHTS *(Suite.)*

Autriche-Hongrie

CUIRASSÉS

1	1893	**Maria Theresa** — 5.400 t. — 19 n. 5 — cuir. 100 m/m — 4 t. 450 — 2 c. 190 m/m — 8 c. 150 m/m.	
1	1898	**Kaiser Kurl VI** — 6.250 t. — 20 n. 5 — cuir. 220 m/m — 2 t. 450 m/m — 2 c. 240 m/m — 8 c. 150 m/m.	
1 — 3	1903	**Sankt-Georg** — 7.300 t. — 22 n. — cuir. 210 m/m — 2 t. 450 m/m — 2 c. 240 m/m — 5 c. 190 m/m — 4 c. 152 m/m — 9 c. 76 m/m.	

PROTÉGÉS

2	1889 1890	**Kais. Fr. Joseph** — Kaiserin Elisabeth — 4.000 t. — 19 n. 5 — 4 t. 450 m/m — 8 c. 150 m/m.	
1	1891	**Pelican** (école) — 2.440 t. — 18 n. 5 — 2 c. 76 m/m.	
3	1897 1900	**Aspern** — Zenta — Szigetvar — 2.350 t. — 20 n. — 2 t. 450 m/m — 8 c. 120 m/m.	
4 — 10	1909 1913	**Admiral Spaun** — Saida — Novara — Helgoland — 3.400 t. — 27 n. — 2 t. 450 m/m — 7 c. 100 m/m.	

Italie

2	1913	**Caio Duilio** — Andrea Doria — 23.000 t. — 23 n. — cuir. 275 m/m — 4 t. 450 m/m — 13 c. 305 m/m — 16 c. 152 m/m — 18 c. 76 m/m.	
4 — 10	1914 1916	**Cristoforo Colombo** — Caracciolo Antonio Colonna — Francesco Morosini — 30.000 t. — 25 n. — cuir. 340 m/m — 4 t. 530 m/m — 8 c. 380 m/m — 16 c. 152 m/m — 18 c. 76 m/m.	
2	1895 1896	**Carlo Alberto** — Vettor Pisani — 17 n. — cuir. 150 m/m — 4 t. 450 m/m — 12 c. 152 m/m — 8 c. 120 m/m.	
3	1899 1902	**Varese** — Ferruccio — Garibaldi — 7.500 t. — 19 n. 5 — cuir. 150 m/m — 4 t. 450 m/m — 1 c. 254 m/m — 2 c. 203 m/m — 14 c. 152 m/m — 10 c. 76 m/m.	
4 — 9	1908 1909	**Amalfi** — Pisa 10.150 t. / San Georgio — San Marco 9.850 t.	23 n. — cuir. 200 m/m — 3 t. 450 m/m — 4 c. 254 m/m — 8 c. 190 m/m — 16 c. 76 m/m.
1	1888	**Etna** — 3.500 t. — 17 n. 5 — 3 t. 350 m/m — 4 c. 152 m/m — 2 c. 120 m/m — 2 c. 76 m/m.	
1	1888	**Piemonte** — 2.500 t. — 22 n. 5 — 3 t. 350 m/m — 2 c. 152 m/m — 10 c. 120 m/m.	
3	1891 1892	**Elba** 2.700 t. — Etruria 2.800 t. — Calabria 2.500 t. — 19 n. 5 — 3 t. 450 m/m — 4 c. 152 m/m — 6 c. 120 m/m.	
1	1894	**Marco Polo** — 4.600 t. — 19 n. — 5 t. 450 m/m — 6 c. 152 m/m — 10 c. 120 m/m.	
1	1808	**Puglia** — 2.550 t. — 19 n. 5 — 3 t. 450 m/m — 4 c. 152 m/m — 6 c. 120 m/m.	
3	1911	**Marsala** — Quarto — Nino Bixio 3.500 t. — 28 n. — 3 t. 530 m/m — 6 c. 120 m/m — 6 c. 76 m/m.	
3 — 13	1914 1915	**Carlo Mirabello** — Aug. Riboty — Carl Alberto Racchio 4.800 t. — 30 n. — 5 t. 530 m/m — 6 c. 152 m/m — 6 c. 76 m/m.	

B' 2

DESTROYERS ET

France

2	1891	**Léger** — Lévrier	510 t. — 18 n. 5 — 3 t. 380 m/m — 1 c. 65 m/m
2	1892	**Wattignies** — Fleurus	1.310 t. — 18 n. 5 — 4 t. 380 m/m — 5 c. 100 m/m.
8	1894 1895	**d'Iberville** — Cassini Casablanca — (mouilleurs de mines)	950 t. — 21 n. 5 — 3 t. 380 m/m. 1 c. 100 m/m — 3 c. 65 m/m.
2	1898	**Dunois** — La Hire	900 t. — 23 n. — 6 c. 65 m/m.
4	1899	**Durandal** — Espingole — Fauconneau — Hallebarde	310 t. — 27 n. 5 — 2 t. 380 m/m — 1 c. 65 m/m.
13	1900 1902	**Pique** — Arbalète — Arquebuse Carabine — Epieu — Epée — Escopette — Flamberge — Pertuisane — Rapière — Sagaie — Sarbacane — Yatagan	300 t. — 27 n. — 2 t. 380 m/m — 1 c. 65 m/m.
14	1903	**Mousquet** — Arc — Baliste — Bélier Bombarde — Catapulte — Dard — Francisque — Fronde — Harpon — Javeline — Mousqueton — Pistolet — Sabre	320 t. — 28 n. 5 — 2 t. 380 m/m — 1 c. 65 m/m.
15	1904 1907	**Tromblon** — Carquois — Claymore Cognée — Coutelas — Fleuret — Glaive — Hache — Massue — Mortier — Obusier — Pierrier — Poignard — Stylet — Trident	350 t. — 29 n. — 2 t. 450 m/m — 1 c. 65 m/m.
8	1908	**Sabretache** — Branlebas — Etendard — Fanfare — Fanion — Gabion — Oriflamme — Sape	370 t. — 29 n. — cuir. 40 m/m — 2 t. 45 0m/m — 1 c. 65 m/m.
13	1909 1910	**Chasseur** — Carabinier — Cavalier Fantassin — Ens. Henry — Asp. Herbert — Hussard — Janissaire — Lansquenet — Mameluk — Spahi — Tirailleur — Voltigeur	450 t. — 28 n. 5 — 3 t. 450 m/m — 6 c. 65 m/.m
12	1911 1912	**Bouclier** — Bouteleu — Comᵗ Bory Casque — Cimeterre — Dague — Dehorter — Faux — Fourche — Francis-Garnier — Cap. Mehl — Commandant-Rivière	750 t. — 31 n. — 4 t. 450 m/m. 2 c. 100 m/m — 4 c. 65 m/m.
6	1912	**Mangini** — Bisson — Commandant-Lucas — Magon — Protet — Renaudin	800 t. — 32 n. — 4 t. 450 m/m — 2 c. 100 m/m — 4 c. 65 m/m.
3	1913	**Ens.-Gabolde** — Ens.-Roux — Méc. princip. Lestin	900 t. — 32 n. 5 — 9 t. 450 m/m — 2 c. 100 m/m — 4 c. 55 m/m.
4	1914	**Aventurier** — Intrépide Opiniâtre — Téméraire { (construits pour Argentine et réquisitionnés) }	950 t. — 33 n. — 6 t. 450 m/m — 4 c. 100 m/m.
2	1915	**X.** — X. (en construction)	1.200 t. — 35 n. — 6 t. 450 m/m — 3 c. 138 m/m — 4 c. 65 m/m.

103

CONTRE-TORPILLEURS

Autriche-Hongrie

3	1888	**Meteor** — Blitz — Comet — 350 t. — 18 n. — 1 t. 450 m/m.	
3	1889 1895	**Magnet** — Planet Satellit 550 t. — 24 n. — 2 t. 450 m/m — 2 c. 80 m/m.	
12	1908 1910	**Csikos** — Dinara — Huszar Pandur — Reka — Scharfschutz — Streiter — Turul — Ulan — Uszoke — Velebit — Wildfang 390 t. — 26 n. — 2 t. 450 m/m — 6 c. 70 m/m.	
8	1913 1914	**Balaton** — Czipel — Lika Orjen — Tatra — Triglav — X. X. (en construct.) 800 t. — 33 n. — 4 t. 533 m/m — 2 c. 100 m/m — 4 c. 70 m/m.	

26

Italie

3	1887	**Gotto** — Iride — Minerva
3	1893	**Montebello** — Partenope — Tripoli 850/950 t. — 19/20 n. — 4 t. 380 m/m — 2 c. 76 m/m.
2	1899	**Agordat** — Coatit — 1.300 t. — 22 n. — 2 t. 450 m/m — 12 c. 76 m/m.
1	1899	**Fulmine** — 300 t. — 26 n. — 2 t. 450 m/m — 5 c. 57 m/m.
5	1900	**Dardo** — Euro — Lampo — Ostro — Strale — 320 t. — 30 n. — 2 t. 450 m/m 1 c. 76 m/m — 5 c. 57 m/m.
7	1903	**Aquilone** — Ascaro — Borea — Espero — Nembo — Turbine — Zeffiro 350 t. — 29 n. — 2 t. 450 m/m — 5 c. 57 m/m.
4	1907	**Artigliere** — Bersagliere — Granatiere — Lanciere — 400 t. — 29 n. — 3 t. 450 m/m — 4 c. 76 m/m — 4 c. 57 m/m.
6	1909 1911	**Alpino** — Carabinière — Fuciliere — Pontiere Corazzière — Garibaldino 400 t. — 29 n. — 3 t. 450 m/m — 4 c. — 76 m/m — 4 c. 57 m/m.
10	1912 1913	**Animoso** — Ardente — Ardito Audace — Impavido — Impetuoso — Indomito — Insidioso — Intrepido — Irrequieto — 700 t. — 35 n. — 2 t. 450 m/m — 1 c. 120 m/m — 4 c. 76 m/m.
8	1914 1915	**Giuseppe Abba** — Pilade Bronzetti Antonio Mosto — Ippolito Nievo — Francesco Noello — Giuseppe Missori — Rosolino Pilo — Simone Schiaffino en construction, semblables à la série précédente.

49

B 2 (*Suite.*)   France   SOUS-

5	1899 1901	**Narval** — Espadon Silure — Sirène — Triton	submers. — 150/210 t. — 12/8 n. — 4 t. 450 m/m.
2	1902	**Gnôme** — Korrigan	sous-marins — 140/180 t. — 12/8 n. — 4 t. 450 m/m.
20	1903	**Naïade** — Alose — Anguille — Bonite — Castor — Dorade — Esturgeon — Grondin — Loutre — Ludion — Méduse — Otarie — Oursin — Perle — Phoque — Protée — Souffleur — Thon — Truite — Lynx	65/90 t. — 11/8 n. — 1 t. 450 m/m. sous-marins sans valeur militaire.
2	1904	**Aigrette** — Cigogne	submersibles — 180/250 t. — 13/8 n. — 4 t. 450 m/m.
6	1905 1906	**Opale** — Emeraude — Rubis Saphir — Topaze — Turquoise	sous-marins — 390/450 t. — 14/11 n. — 6 t. 450 m/m.
1	1907	**Circé**	submersible — 350/500 t. — 12/8 n. — 4 t. 450 m/m.
33	1907 1910	**Pluviôse** — Ventôse — Nivôse — Germinal Floréal — Prairial — Messidor — Thermidor — Fructidor **Brumaire** — Frimaire — Foucault — Euler — Franklin — Papin — Fresnel — Berthelot — Watt — Cugnot — Giffard — Faraday — Volta — Newton — Monge — Montgolfier — Curie — Ampère — Gay-Lussac — Bernouilli — Joule — Coulomb — Arago — Leverrier	submersibles — 400/550 t. — 15/9 n. — 5 t. 450 m/m.
1	1909	**Archimède**	580/820 t. — 15/10 n. — 5 t. 450 m/m.
1	1910	**Mariotte**	submersibles: 550/650 t. — 15/10 n. — 5 t. 450 m/m.
1 1	1911	**Amiral-Bourgois** **Charles-Brun**	550/750 t. — 15/10 n. — 5 t. 450 m/m. 350/450 t. — 15/10 n. (bat. d'essai).
2	1912	**Clorinde** — Cornélie	submersibles - 410/550 t. - 15/9 n. - 5 t. 450 m/m.
2	1913	**Néréide** — Gustave-Zédé	submersibles — 800/1.050 t. — 19/12 n. — 7 t. 450 m/m. — 4 c. 65 m/m.
8	1913	**Andromaque** — Amphitrite — Amaranthe — Aréthuse — Ariadne — Artémise — Astrée — Atalante	submersibles: 412/560 t. — 16/10 n. — 7 t. 450 m/m.
2	1914	**X.** — X. (submersibles construits pour le Japon et réquisitionnés)	460/675 t. — 17/10 n. 5
2	1914	**Diane** — Daphné	submersibles — 630/850 t. — 18/11 n. — 7 t. 450 m/m.
3	1914	**Bellone** — Hermione — Gorgone	submersibles — 520/780 t. — 18/11 n. — 7 t. 450 m/m.
8	1915	**Sané** — Dupuy-de-Lôme — Jœssel — Fulton — Laplace — Lagrange — Regnault — X	submersibles: 840/1.250 t. — 21/12 n. 7 t. 450 m/m — 6 c. 65 m/m.
1	1916	**X**	submersible — 2.000 t. — 27/18 n.

100

MARINS

		Autriche-Hongrie				**Italie**	

Autriche-Hongrie

2	1907	**V** 1. — 2 — 230/270 t. — 12/7 n. 5 — 3 t. 450 m/m.
2	1908	**U.** 3 — 4 — 240/300 t. — 12/8 n. 5 — 2 t. 450 m/m.
2	1909	**U.** 5 — 6 — sans valeur militaire 240/270 t. — 11/8 n. — 2 t. 450 m/m.
5	1914 1915	**U.** 7 - 8 **U.** 9 - 10 - 11 } construits en Allemagne y furent d'abord gardés — 750/800 t. 17/12 n. 5 t. 510 m/m.
5	1915 1916	**U.** 12 — 13 **U.** 14 - 15 - 16 } en construction. — 700/1.000 t. X X 1 c. 100 m/m 1 c. 47 m/m.

16

Italie

3	1905 1906	**Glauco** — Narvalo Squalo 150/200 t. — 12/7 n.
2	1907	**Otaria** — Tricheco — 150/200 t. — 12/7 n.
1	1908	**Foca** — 175/220 t. — 13/9 n.
5	1912	**Argo** — Jantina — Medusa — Salpa — Velela - 250/300 t. — 14/8 n.
5	1913	**Fisalia** — Jalea — Nautilos — Nereide — Zoëa — 400/480 t. — 15/12 n.
2	1913	**Galileo Ferraris** — Giocyntho Pullino 235/320 t. — 12/9 n.
1	1913	**Atropo** — 225/320 t. — 12/8 n.
6	1915	**Angelo Emo** — Lorenzo Marcello — Pietro Mica — Lazzaro Mocanigo — Guglielemotti Pacinotti — Galvano Torricelli } 700/800 t. 18/12 n. en construction.

25

Tout d'abord, l'avantage apparent sur le papier de l'artillerie britannique s'est pleinement confirmé à l'épreuve, démontrant une fois de plus la justesse des théories de l'amiral J. Fisher, sur la grosse artillerie, et la haute valeur des méthodes de tir, la perfection de l'entraînement imposés par l'amiral Percy Scott. On ne se serait certes pas attendu à constater que les Allemands, qui ont si bien prévu sur terre la prédominence du gros calibre, se seraient laissé aussi complètement dominer sur mer. Les canonniers anglais ont largement contribué à accentuer la supériorité de leur matériel, et ils ont régulièrement fait preuve d'une maîtrise absolue sur leurs adversaires : dans certaines rencontres (à Héligoland et Cuxhaven en particulier) l'insuffisance des canonniers allemands et la défectuosité du tir provoquèrent la surprise, heureuse d'ailleurs, des officiers britanniques.

Du côté des machines, la déception n'a pas été moindre en Allemagne : certains bâtiments qui avaient fourni aux essais une vitesse supérieure aux similaires anglais furent rattrapés par ceux-ci sans coup férir. On aurait cependant préjugé que ces derniers, obligés de tenir constamment la mer pour contrôler le blocus, manifesteraient les premiers quelque fatigue dans leurs chaudières et leurs machines ; ce sont eux, au contraire, qui récupérèrent le plus aisément leur vitesse d'origine. Comme le matériel allemand a été certainement établi avec le maximum de soins et de perfection, il faut bien admettre que le personnel ne sait pas en tirer le même rendement.

Cette constatation laisse apparaître le point faible de la marine germanique : le matériel y est de premier ordre, pour le construire ce fut question d'argent ; les officiers sont instruits, ils étaient même arrivés, pendant la paix, à une certaine réputation dans leurs évolutions : c'est affaire de théorie, de livres et de travail ; l'ensemble est administré avec une vigueur qui donne un rendement remarquable : c'est affaire de méthode ; le personnel, recruté avec soin, est soumis à une discipline qui vaut au moins celle de l'armée de terre ; mais, à cet ensemble il manque la chose essentielle sur mer, l'âme qui vivifie une flotte et lui donne le meilleur de sa valeur : la marine allemande manque de *marins*, de marins au vrai sens du mot, à celui que lui donnent tous les gens de mer et qui sous-entend un ensemble d'aptitudes et de qualités, à des degrés divers, mais nécessaires.

La première et la plus indispensable est le sens marin. Don naturel, issu d'atavisme et de traditions, il est l'apanage des vieilles marines et des peuples navigateurs, et ne saurait s'improviser par ordre ou s'apprendre par règlement dans une flotte de parvenus. Ce sens marin réalise l'adaptation parfaite de l'homme à la vie de la mer avec les aléas et les vicissitudes multiples qu'elle comporte ; c'est lui qui, donnant au marin la notion très nette des risques auxquels il est journellement exposé, lui procure en même temps la maîtrise de soi, le courage tranquille et lucide qui lui permettront de dominer les circonstances les plus graves, de surmonter les dangers les plus imprévus. Le sentiment de son existence chez tous les membres d'un équipage, du commandant au dernier matelot, crée une confiance réciproque, un lien moral basé sur l'intelligence des choses de la mer, qui donnent à l'ensemble une communion de pensée, une cohésion plus solide et plus sûre que ne l'obtiendra jamais la discipline la plus rigoureuse.

Le marin doit posséder encore le goût de l'aventure et du risque, la hardiesse, le mépris du danger, le sang-froid, l'abnégation, l'esprit de sacrifice et d'assistance. Toutes ces qualités, on les trouve à profusion dans la marine anglaise, comme dans la marine française ; mais leur énumération même élimine le matelot allemand : de longtemps encore, tant que la mentalité prussienne régira la marine germanique, celui-ci ne sera qu'un manœuvre, soumis à un dressage, à un commandement qui en font l'antithèse d'un marin.

Et si on trouve ce jugement excessif, que l'on prenne le détail des faits : à Héligoland, à Cuxhaven, les flottilles anglaises restent une journée entière dans les eaux de la flotte allemande sans que les chefs de celles-ci arrivent à combiner une répression ou une riposte ; rien que des tentatives décousues, isolées, manifestant un désarroi complet, un manque de conviction, une timidité frisant la crainte : c'était pourtant l'occasion d'appliquer une de ces brillantes évolutions du temps de paix ; mais sans doute le cas n'avait pas été prévu dans les doctrines du grand état-major maritime. Les Allemands prennent-ils eux-mêmes l'initiative d'une opération, veulent-ils tenter un bombardement contre quelque ville ouverte, on s'attendrait à voir apparaître leur fameuse aptitude à l'organisation ; au contraire, ils ne donnent que l'impression d'une manœuvre hâtive, précipitée, de gens pressés de rentrer parce qu'ils se sentent peu sûrs d'eux-mêmes, cherchant à risquer le moins possible et surtout à éviter l'adversaire. Celui-ci se présente-t-il sur leur route, c'est le demi-tour immédiat et la fuite éperdue. La fuite semble jusqu'ici la seule manœuvre tactique connue des officiers allemands : aux Falkland, au Dogger Bank, au Galloper, même à Coronel, à la première notion de la proximité de l'ennemi, le geste instinctif, spontané des commandants allemands est de f..... le camp (1).

Dans la guerre de sous-marins, surtout, on peut apprécier tout ce qui sépare les équipages allemands des marins. Si la destruction des navires de commerce rentre dans les nécessités de la guerre, rien ne justifiera jamais les assassinats du *Lusitania*, de l'*Hesperian*, de l'*Arabic* et autres, la liste n'étant sûrement pas close. Noyer des femmes et des enfants, se récréer de la vue de leur agonie sans rien tenter pour les sauver, voilà les triomphes dont s'enorgueillissent officiers et matelots teutons. De pareils crimes sont

---

(1) Dans ce genre, la palme revient sans conteste au *Gœben* (23.000 tonnes) et au *Breslau* (4.550 tonnes). Réfugiés à Messine où ils sont guettés par l'*Indefatigable* et l'*Inflexible* ; ils éloignent ceux-ci en leur envoyant l'ordre par T. S. F. de rallier Malte, ayant reçu du service d'espionnage allemand le code secret de signaux de la flotte anglaise. Ils essayent alors de gagner Trieste : arrêtés par les croisières françaises de l'Adriatique, ils se décident à gagner les Dardanelles. Rencontrés par le croiseur léger *Gloucester* (4.800 tonnes), ils fuient devant lui pendant deux jours, subissant par son tir des avaries sérieuses, sans oser se retourner contre lui pendant le temps nécessaire pour l'écraser de quelques coups des 10 pièces de 280 millimètres du *Gœben*.

le fait de pirates, de forbans ; l'Allemand, race de proie, en fournira abondamment ; pour faire des marins, il faut de la race, sans plus, sans autre épithète, au sens le plus noble du mot : on n'est pas près d'y atteindre en pays germain.

Si les déceptions sur le champ de bataille ont été multiples pour les chefs de la marine allemande, que dire de la faillite de toutes leurs conceptions stratégiques. On peut imaginer les soins méticuleux qui avaient présidé à l'élaboration des plans d'opérations de la flotte dans le recueillement des bureaux de l'état-major. Leurs auteurs étaient si fiers et si sûrs de leur travail qu'ils ne craignirent pas d'en laisser publier les grandes lignes, et ces plans impeccables servirent plus d'une fois de réclame et de propagande pour la ligue maritime allemande.

Il y avait deux ordres d'opérations bien distincts : les opérations contre la France au cas où l'Angleterre resterait neutre ; les opérations contre celle-ci au cas où elle interviendrait dans le conflit.

Jusqu'au dernier moment, le gouvernement allemand avait espéré que l'Angleterre garderait la neutralité. C'est sans doute pour la ménager que la flotte allemande laissa passer sans encombre la division française qui ramenait de Russie le président Poincaré. Pour prix de cette neutralité, le Kaiser proposa même de s'engager à ne rien tenter contre les côtes françaises de la Manche (l'Angleterre n'eût d'ailleurs pas admis une installation allemande à Dunkerque, Calais ou Cherbourg). Cette proposition jouait sur les mots et ne servait qu'à masquer les véritables intentions, car, à ce même moment, l'Allemagne préparait un débarquement dans le Finistère pour se saisir de Brest, et les côtes du Finistère étant baignées par l'Atlantique ne rentraient pas dans la convention proposée. La ficelle était trop grosse ; le gouvernement anglais ne s'y laissa pas prendre et rejeta la proposition. Malgré ce refus, à la fin de juillet 1914, les 17 cuirassés de la flotte de première ligne allemande étaient concentrés à l'entrée du Pas-de-Calais sous les ordres de l'amiral von Ingenohl ; celui-ci se préparait à écraser notre modeste division de la Manche, 6 croiseurs cuirassés, et à ouvrir la route aux transports, réquisitionnés à Hambourg et à Brême, devant lesquels étaient déjà réunies les troupes de débarquement.

La sottise énorme de la violation de la neutralité belge enleva au gouvernement britannique ses dernières hésitations, de sorte qu'au lieu de l'ordre d'attaque attendu, l'amiral Ingenohl reçut un radiogramme l'informant que toute la flotte anglaise avait quitté son mouillage de Portsmouth et se concentrait dans la mer du Nord. Au lieu de faire route vers l'ouest, il donna le signal du demi-tour et du retour à toute vapeur sous l'abri d'Héligoland, inaugurant dès le premier jour la tactique dont la marine allemande ne s'est plus départie. Le 4 août, lorsque l'amiral Jellicoë reçut, lui, l'ordre d'attaque, il trouva la mer du Nord complètement vide de navires ennemis.

Désormais, la marine germanique n'avait plus à agir contre la flotte française, mais contre la puissance britannique. Cette puissance s'appuie sur la marine de commerce presqu'autant que sur la marine de guerre ;

elle présente donc un double objectif aux coups de l'ennemi. Contre la flotte de guerre, le commandement allemand n'avait guère dissimulé ses intentions d'attaque brusquée : il était sûr d'être le premier prêt par une mobilisation rapide, escomptait pour l'Angleterre un certain laps de temps nécessaire pour la convocation des réservistes et le rassemblement des unités disséminées dans toutes les mers; pas un instant, il n'avait prévu que la flotte anglaise serait parée la première et ce fut précisément ce qui se produisit. L'Amirauté avait procédé en juillet à des manœuvres particulièrement importantes, pour lesquelles elle avait mobilisé la plus grande partie de sa flotte. Celle-ci avait été concentrée, après les manœuvres, à Portsmouth, pour une revue offerte aux délégués des *Dominion* réunis en Congrès à Londres Lorsque survint la tension diplomatique, il ne restait qu'à embarquer charbon et munitions. L'amiral de Tirpitz, au contraire, fut pris au dépourvu par la succession rapide des événements; il supplia, dit-on, son maître de retarder un peu l'ouverture des hostilités; ce fut en vain, de sorte que son ministère qui préparait cette guerre depuis 17 ans, qui avait l'avantage d'être du côté de l'agresseur, fut le seul qui ne se trouva pas prêt au moment voulu.

Faute de l'attaque brusquée dont l'occasion était ainsi manquée, l'amiral de Tirpitz comptait sur les nécessités du blocus des côtes allemandes par les divisions anglaises pour causer à celles-ci des pertes sensibles au moyen des mines et des sous-marins; l'équivalence entre les deux flottes devait ainsi s'établir peu à peu. Il n'avait pas imaginé que la science moderne donnerait les moyens de tenir un blocus tout autrement que jadis : grâce à la T. S. F. le réseau peut être établi à beaucoup plus grande distance de terre, avec de petites unités très mobiles et très rapides qui n'ont plus pour rôle que d'appeler les divisions de croiseurs là où il est utile. Désormais, plus n'est besoin de consacrer à ce service fatiguant des unités importantes, exposées à un risque permanent. La chaîne de blocus, au lieu d'être serrée et continue, est lâche en apparence, mais peut se resserrer instantanément : les croiseurs allemands apprirent, à leurs dépens, au Dogger Bank, comment s'effectue cette redoutable manœuvre conçue par l'amiral Jellicoë et imprévue pour les augures germaniques.

Les plans allemands visant la flotte de guerre anglaise avortaient les uns après les autres; l'insuccès ne fut pas moindre contre la flotte commerciale.

Un des leit-motivs habituels des conférences de la ligue maritime était l'affirmation que l'Angleterre n'avait pas, sur son territoire, plus de quatre semaines de vivres d'avance pour alimenter sa population ; la moindre perturbation dans les arrivages devait infailliblement l'amener à composition. Cette perturbation était facile à provoquer par une guerre de course bien menée contre le commerce britannique. En prévision de celle-ci, furent donc répartis en divers points du globe des croiseurs ou des divisions; au premier signal toute une organisation de navires neutres devaient les ravitailler en vivres, munitions et charbon, en des lieux convenus d'avance. Pendant les trois ou quatre premiers mois, ces croiseurs (*Dresden, Emden, Karlsruhe, Kœnigsberg*, etc.), firent en effet parler d'eux en coulant un certain nombre de cargos (68 en tout), mais l'Amirauté avisa sans tarder et eut bientôt purgé les mers de ces corsaires modernes. Cette tentative coûtait à la marine allemande une dizaine d'excellents croiseurs, sans que le ravitaillement de l'Angleterre ait été seulement gêné. Aujourd'hui tous les bâtiments anglais détachés pour cette besogne ont rallié les eaux métropolitaines et les grandes routes maritimes sont aussi sûres qu'en temps de paix : seul le pavillon allemand n'y paraît plus.

N'ayant pas réussi à atteindre au loin le commerce britannique, l'amiral de Tirpitz eut alors sa conception *kolossale* du blocus des côtes anglaises par sous-marins. Ceux-ci reçurent l'ordre de torpiller indistinctement navires ennemis ou neutres, suspects de transporter de la contrebande de guerre. Cet ordre convenait trop à la mentalité des équipages chargés de son exécution pour qu'il ne fût pas aussitôt poussé à ses plus atroces conséquences : aussi ne tarda-t-on pas à voir la tentative, heureusement avortée, contre le navire hôpital *Amiral Ganteaume*, les crimes ineffaçables contre les paquebots chargés de passagers, *Falaba*, *Lusitania*, *Arabic*, *Hesperian*, qui coûtèrent la vie à des centaines de femmes et d'enfants. Ce terrorisme était déchaîné en vain, le blocus annoncé si bruyamment restait sans effet appréciable sur le commerce, le mouvement des navires dans les ports britanniques se maintenait imperturbablement. C'est que les moyens étaient par trop insuffisants pour la tâche entreprise : les côtes anglaises sont immenses, les ports innombrables, et le sous-marin est encore d'une action trop limitée pour tenir effectivement et en permanence un blocus réel; il lui faut constamment revenir au port pour se ravitailler et laisser reposer son équipage, les conditions d'existence à bord étant épuisantes. Pour réaliser le blocus des îles britanniques, il eût fallu des centaines, voire des milliers de sous-marins; or, au début de la guerre, l'Allemagne en comptait 35, tout au plus, ayant une valeur militaire, et ce chiffre représente à peu près le maximum de ce qu'elle a pu mettre en ligne simultanément, puisque les constructions neuves ne sont jamais arrivées à compenser les pertes et qu'aujourd'hui il lui en reste à peine une quinzaine. L'Amirauté n'avait pas été longue, en effet, à trouver le moyen de se débarrasser de cette menace; ces moyens se révélèrent tellement efficaces que les sous-marins allemands disparurent les uns après les autres, sans laisser de traces, sans plus jamais donner de leurs nouvelles. Du même coup recevaient une solution les récriminations allemandes contre le traitement spécial que le gouvernement anglais avait prétendu imposer aux équipages de sous-marins prisonniers, considérés comme pirates en raison de leurs attentats au droit des gens. Aujourd'hui, la marine germanique éprouve les plus grandes difficultés à former de nouveaux équipages de sous-marins, les hommes considérant que cet embarquement équivaut à une condamnation à mort.

Tous les plans infaillibles des grands chefs de la flotte allemande s'effondraient successivement; la déception fut profonde en Allemagne, surtout à penser qu'au prix de tant de sous-marins perdus, pas un des nombreux transports de troupes, qui circulent sans cesse entre l'Angleterre et la France, n'avait été atteint ; on ne se gênait plus à dire très haut que, pour aboutir à semblable résultat, les sept milliards affectés depuis 14 ans aux budgets de la marine avaient été dépensés en pure perte ; enfin les pays neutres se décidaient à protester avec énergie contre ces attentats répétés à la vie de leurs nationaux. L'amiral de Tirpitz, responsable des crimes ordonnés par lui, responsable de la nullité des plans auxquels il avait présidé, se vit enfin retirer la faveur impériale dont il jouissait depuis 18 ans et fut invité à prendre sa retraite.

En résumé, après 15 mois de guerre, le pavillon à croix ou à bande noire a disparu des mers ; la flotte de combat se cache dans des ports ou des canaux où elle est soumise à l'usure si terrible de l'inaction, beaucoup plus rapide qu'à la mer ; elle a perdu la moitié de ses croiseurs, une bonne partie de ses destroyers, presque tous ses sous-marins ; elle a surtout perdu le prestige, l'ascendant moral, la sûreté de soi. A ce prix quel a été le mal causé à l'ennemi ? Quelques cuirassés ou croiseurs anciens, mais pas une unité de la flotte moderne qui n'a cessé de s'accroître. Quant à la marine de commerce anglaise, ses pertes ne représentent pas deux pour cent du tonnage total et sont plus que compensées par les constructions neuves ; la navigation ne s'est pas ralentie un instant ; les routes maritimes sont complètement libres pour le ravitaillement de l'Angleterre et de ses alliés. Si la grande bataille navale se livre un jour, la flotte anglaise s'y présentera plus puissante, mieux entraînée, avec plus de prestige que jamais, la flotte germanique n'y arrivera que diminuée, anémiée moralement tout autant que matériellement.

RUSSIE

La flotte russe s'affronte directement à la flotte allemande. Presque complètement détruite à Tsoushima, il n'en reste que quelques rares unités échappées au désastre ; elles constituèrent le noyau de la nouvelle flotte. La réfection de celle-ci ne put être entreprise immédiatement ; il fallut du temps à l'empire des tzars pour se remettre de la crise grave qui fit suite à la guerre japonaise. Mais en ces dernières années, l'amirauté russe s'était mise vigoureusement à l'œuvre sous l'impulsion de l'amiral Grigorovitch, ministre de la marine, et de ses collaborateurs les amiraux prince de Lieven, chef d'état-major général, l'amiral von Essen, commandant l'escadre de la Baltique, et l'amiral Eberhard, commandant l'escadre de la mer Noire.

A l'heure actuelle, la flotte de la Baltique compte 4 cuirassés prédreadnoughts, dont le *Césarevitch* rescapé de Port-Arthur, et 4 dreadnoughts entrés en service depuis le début de la guerre et plus puissants que les meilleurs dreadnoughts allemands avec leurs 12 canons de 305 millimètres en tourelles triples ; ils sont assistés de 5 bons croiseurs cuirassés, de 5 croiseurs légers, d'une centaine de contre-torpilleurs et d'une trentaine de sous-marins. L'entraînement du personnel a été fortement intensifié au cours de ces dernières années; l'instruction des canonniers surtout est arrivée à un degré remarquable. L'ensemble constitue déjà une force des plus appréciables.

Cette marine rénovée a déjà donné des preuves éclatantes de sa haute valeur, particulièrement par la défaite humiliante qu'elle infligea à l'ennemi dans le golfe de Riga : l'escadre russe composée uniquement de petits bâtiments, canonnières, contre-torpilleurs et sous-marins, obligea une division de cuirassés allemands, accompagnés de leurs escortes normales, à faire demi-tour après avoir perdu plusieurs destroyers, deux croiseurs et un croiseur de bataille. Ce fut peut-être, depuis le début des hostilités, l'échec le plus honteux pour la marine germanique qui avait cette fois une grosse supériorité de nombre et de matériel.

Cette force russe qui ne cesse de s'accroître, constitue donc désormais pour l'adversaire une sérieuse menace, dont celui-ci doit tenir compte et qui distrait vers la Baltique une notable partie de ses forces.

La flotte de la mer Noire est astreinte jusqu'ici à un rôle trop accessoire pour valoir une étude détaillée. Elle est souveraine maîtresse sur cette mer, malgré le renfort apporté à la marine turque par le *Gœben*, le *Breslau* et les quelques sous-marins allemands arrivés à Constantinople.

FRANCE

Depuis l'entente cordiale avec l'Angleterre, le rôle maritime de la France consiste à assurer la maîtrise en Méditerrannée, la flotte anglaise prenant à son compte la défense de nos côtes du Nord et de l'Ouest. Ce rôle précis a imposé à notre marine des obligations bien définies et localisées qui constituent presque pour elle une nouveauté. Il n'est, en effet, pas une marine au monde qui ait subi des fluctuations de doctrine, des vicissitudes issues de la politique, semblables à celles dont la marine française fut la victime : victime est bien le mot, car le résultat brutal est que du deuxième rang occupé par elle il y a moins de vingt ans, notre flotte est descendu au quatrième, dépassée par l'Allemagne et les États-Unis, serrée de près par le Japon.

Les variations de doctrine provinrent pendant longtemps d'un défaut d'organisation du haut commandement, de l'absence d'un conseil régulateur et permanent; il existe aujourd'hui et l'amélioration survenue depuis 5 ou 6 ans dans la situation générale de la marine marque son heureuse action.

Ces variations étaient dues aussi pour une bonne part à la situation particulière de nos côtes, séparées en deux par un détroit qui est entre les mains de tierces puissances. La flotte ne pouvait prétendre à dominer à la fois sur les deux fronts; il fallait choisir et c'est dans ce choix que se sont manifestées tant d'incertitudes, l'ennemi éventuel changeant avec les diverses orientations diplomatiques. Tantôt la Triplice paraissait menaçante : il fallait donc à la fois interdire le Pas-de-Calais (la flotte allemande était encore modeste) et couvrir les communications avec l'Algérie; tantôt l'Angleterre semblait devenir l'adversaire probable; sa flotte était trop puissante pour être affrontée directement; on prétendit entamer sa maîtrise par moyens indirects et, dans ce but, les théories les plus variées se formulèrent. Suivant l'amiral Aube et ses disciples, cette mission pouvait être remplie par des flottilles nombreuses et multiples de torpilleurs minuscules afin de bénéficier de l'invisibilité, car l'invisibilité du torpilleur, au moins la nuit, fut un dogme à cette époque. Cette « poussière navale » ainsi qu'ils furent caractérisés, fragile, incapable de tenir une mer un peu agitée, encombra bientôt nos ports et nos rades où elle se rouilla sans avoir jamais eu une valeur militaire sérieuse.

Plus tard, le développement de notre empire colonial nous ayant procuré un certain nombre de bonnes rades, on imagina de les fortifier pour constituer des points d'appui de la flotte, en vue de la guerre de course; ce fut l'ère des croiseurs corsaires, utopie dont la guerre actuelle a démontré l'inanité : pour mener ce genre de guerre il faut d'abord avoir la maîtrise de la mer, et le cuirassé seul la procure. L'Allemagne qui avait repris à son compte nos anciens errements, a reconnu à ses dépens combien ils étaient faux.

D'autre part, les fluctuations de doctrine furent bien souvent commandées par les nécessités budgétaires, dominées par des combinaisons politiques. Dans aucun pays, peut-être, l'indifférence, on pourrait presque dire le dédain pour les choses de la mer ne sont aussi considérables qu'en France. Cette indifférence se répercute forcément au Parlement, aussi le budget de la marine est-il régulièrement le premier visé lorsqu'il s'agit de trouver des crédits à reporter sur des budgets plus rémunérateurs en clientèle électorale. Les ministres de la marine, presque toujours parlementaires sont trop circonvenus par leurs intérêts de parti pour résister à ces assauts avec l'énergie qui serait nécessaire. Encore, dut-on s'estimer heureux lorsqu'ils ne donnèrent pas les premiers le signal des réductions de crédits. N'est-ce pas en France qu'il fut donné de voir un ministre de la marine arrêter d'un trait de plume les constructions de cuirassés (il n'y en eut aucun lancement de 1905 à 1910) parce que ce genre de constructions favorisait trop la grosse industrie : ne fut-ce pas ce même ministre qui chercha par une série de mesures à diminuer le prestige des officiers de vaisseau non seulement vis-à-vis du personnel des arsenaux, mais même à l'étranger; ne fut-ce pas ce ministre enfin qui mérita d'un de ses collègues du Parlement le qualificatif de « péril national » ?

Il a fallu la qualité exceptionnelle de nos marins, chefs et hommes, pour résister à une crise semblable et réparer en quelques années le mal produit, le retard imposé. Vers 1910, sous le coup des menaces répétées de l'Allemagne, par suite aussi des obligations de l'entente avec l'Angleterre, cette période néfaste prit fin. Des ministres énergiques entreprirent de réparer le temps perdu : le résultat de leurs efforts s'est manifesté par 18 lancements de cuirassés depuis 1910 ; par de larges allocations pour les tirs et les exercices de manœuvres ; par d'heureuses mesures pour relever l'émulation et la valeur du personnel. Notre vieille marine, ainsi soutenue et encouragée, a repris tout son entrain, toute sa confiance en elle-même ; nos émules anglais eux-mêmes le reconnaissent et rendent un hommage particulièrement sensible à la qualité de nos canonniers en réclamant régulièrement leur concours pour leurs opérations les plus difficiles : qu'il s'agisse de la défense du canal de Suez, de bombardements aux Dardanelles, à Smyrne ou ailleurs, ils ne manquent jamais de demander l'appoint de quelques unités françaises aux grosses pièces desquelles sont réservés les objectifs les plus difficiles.

Les longues tergiversations des dirigeants de notre marine apparaissent à la simple lecture de la liste des bâtiments de la flotte (Voir tableau B¹). C'est à juste titre que celle-ci reçut le qualificatif de flotte d'échantillons, si l'on remarque que les quatorze cuirassés lancés de 1892 à 1900 appartiennent à 8 types différents (1). Depuis 1902, les mises en chantiers se font en séries uniformes. Malheureusement, la crise traversée causa des retards sensibles dans l'adoption de certains progrès : les *Danton*, équivalents des *Lord Nelson* anglais, ne furent lancés que cinq ans après ceux-ci ; nos premiers dreadnoughts ne parurent, avec le *Courbet*, qu'en 1912, six ans après le prototype, avec la disposition défectueuse de l'artillerie de celui-ci, alors que depuis deux ans déjà le *Monarch* avait inauguré le dispositif axial. Mais aujourd'hui, notre marine devance à nouveau ses rivales par l'originalité de ses conceptions ; la première elle a adopté la tourelle quadruple dans les séries actuellement en construction (les 5 *Normandie*, les 4 *Duquesne*. Ces tourelles permettent, à déplacement égal, une sérieuse augmentation de puissance de l'artillerie. Il semble qu'elles représentent l'avenir, à voir le nombre de marines qui ont déjà adopté la tourelle triple (Russie, Italie, États-Unis, Allemagne pour ses futures constructions). — Voir le schéma de la *Normandie* à la page 11

Nos croiseurs ne sont pas moins disparates que nos cuirassés : ils ne valent ni plus ni moins que leurs similaires des autres marines, peut-être un peu inférieurs, en général, comme armement et vitesse. Les deux plus grosses erreurs, en ce qui les concerne, furent d'abord les 6 croiseurs cuirassés lancés de 1905 à 1910 qui, pour la même somme, eussent été avantageusement remplacés par 3 ou 4 bons cuirassés ; et en second lieu l'absence complète de croiseurs légers ou éclaireurs d'escadre, de grande vitesse, analogues aux *Birmingham* anglais ou aux *Karlsruhe* allemands. C'est une grosse lacune pour la flotte, que les *La Motte Piquet* combleront insuffisamment lorsqu'ils entreront en service. On a essayé de faire tenir leur emploi par les contre-torpilleurs, mais ceux-ci, trop fragiles et de trop faible tonnage, sont mangés par la mer dès que celle-ci lève un peu.

Ce ne fut que tardivement qu'on se décida à construire chez nous des contre-torpilleurs (Tableau B²). Les premiers parurent seulement en 1900 alors que depuis 1893 il en sortait tous les ans des douzaines des chantiers anglais. Toujours, par raison d'économie budgétaire, on avait prétendu pendant longtemps que les torpilleurs dits de haute mer pouvaient les

____

(1) L'*Iéna*, qui ne figure pas sur le tableau, ayant sauté il y a quelques années dans le port de Toulon, a été lancé en 1898 et fut seul de son modèle.

remplacer dans un rôle pour lequel ils n'avaient pas été conçus. On n'a pas encore abordé pour eux en France les vitesses - record réalisées dans certains autres pays. Nos ingénieurs préfèrent jusqu'ici garder plus de robustesse aux coques. Il est certain que les résultats des rencontres entre destroyers anglais et allemands sembleraient leur donner raison.

En sous-marins, par contre, nous avons été, sans conteste possible, les initiateurs : Dupuy de Lôme, Gustave Zédé, Goubet, Laubeuf, Romazotti, ont surmonté les difficultés auxquelles s'était jusque là heurtée la navigation sous-marine, et c'est depuis leurs travaux que celle-ci est entrée dans le domaine de la pratique.

Les recherches pour naviguer en plongée ne datent pas d'hier, puisque le premier sous-marin construit *ayant fonctionné* (1) est le *American Turtle*, lancé en 1773 en Amérique par Bushnell pendant la guerre de l'Indépendance, et qui faillit torpiller un grand vaisseau anglais à New Rochelle. Déjà ce navire minuscule (il ne pouvait embarquer qu'un homme) était propulsé par une hélice et s'enfonçait par remplissage de water ballasts. De 1797 à 1802, Fulton exécuta une série d'expériences avec ses *Nautilus* construits à Paris, dont l'un descendit la Seine jusqu'au Hâvre et l'autre alla jusqu'à Brest. Decrès, le ministre de la marine, ne comprit pas l'intérêt de cette nouveauté et éconduisit l'inventeur. Il n'eut pas plus de succès en Angleterre, mais pour la raison inverse : l'amiral Jervis saisit tout le danger pour la marine anglaise d'un semblable instrument et décida le gouvernement à étouffer l'invention. Entre 1850 et 1860, un Bavarois, Baver, construisit, en Prusse, une série de bateaux sous marins d'expérience sans arriver à un résultat satisfaisant. En 1860, le capitaine de vaisseau Bourgois et l'ingénieur Charles Brun proposent les plans d'un sous-marin de 450 tonnes, 42 mètres de long, qui est construit à Rochefort. Bien des accessoires en usage aujourd'hui figurent sur ce navire : gouvernails horizontaux, lest détachable, même un canot de sauvetage fonctionnant en plongée, qui remplit opportunément son office pour la commission d'expériences un jour où le sous-marin avait quelque peine à remonter à la surface. Les essais ne furent pas continués, la stabilité longitudinale n'ayant pu être réalisée. En 1863 paraît le premier sous-marin qui ait réussi une opération de guerre. Le *David*, imaginé par Hunley, construit à Charleston par Barnes, coula, le 17 février 1863, la corvette fédérale *Housatonie* devant Charleston au moyen d'une torpille portée ; il périt dans son triomphe entraînant avec lui son équipage. De 1876 à 1886, Nordenfeldt et Drezwiecki font une série d'essais en Russie et commencent à obtenir des résultats intéressants ; mais les progrès les plus marquants sont réalisés par Goubet qui obtient, en 1886, la stabilité en plongée sur un bateau malheureusement trop petit, et surtout par Dupuy de Lôme qui trace le *Gymnote*, lancé et mis au point après sa mort (1886) par son ami Gustave Zédé et l'ingénieur Romazotti. Le *Gymnote* déplaçait 30 tonneaux,

---

(1) Les détails concernant l'historique des sous-marins proviennent des cahiers de la guerre, Nº 10. Éditeur Délandre.

était mu par un moteur électrique; son immersion était obtenue par des gouvernails horizontaux placés à l'arrière. Les résultats furent des plus encourageants, et on mit en chantiers le *Gustave Zédé* sensiblement plus grand (300 tonneaux) et qui fut un véritable succès : il fit la traversée de Toulon à Marseille, réussit plusieurs simulacres d'attaques de cuirassés. Ayant une bonne stabilité longitudinale grâce à ses gouvernails horizontaux placés à l'avant, désormais les progrès s'accélèrent; on marche sur des données précises, la solution complète ne dépend plus que de points de détail. On ne sut pas, malheureusement, conserver en France l'avance acquise : après l'apparition du submersible *Narval* (200 tonneaux) en 1899, dû à l'ingénieur Laubeuf, deux clans se forment dans le monde maritime : les uns tiennent pour les sous-marins purs, dérivés du *Gustave Zédé*, qui, étudiés en vue de la navigation habituelle en plongée, n'ont en surface qu'une faible réserve de flottabilité : leur moteur est généralement électrique avec accumulateurs à grande capacité; les autres ne veulent admettre que le submersible dérivé du *Narval*; celui-ci est fait pour naviguer habituellement en surface, comme un torpilleur : sa réserve de flottabilité est importante, près de 50 o/o au début, 30 o/o en moyenne aujourd'hui : il ne s'immerge qu'au moment décisif; cette opération, trop longue pour les premiers auxquels il fallait 20 minutes, se fait aujourd'hui en deux ou trois minutes, moins d'une minute même, dit-on, pour certains types; son moteur de surface est à vapeur ou à combustion interne; la capacité de ses accumulateurs pour la propulsion en plongée est faible et doit être renouvelée souvent. Cette dualité d'écoles aboutit à des alternatives dans les mises en chantiers, qui ralentirent sérieusement le progrès : après les 4 *Lutin* de 200 tonneaux, on lança en 1903-1904 les 20 *Naïade*, de 68 tonneaux, sans vitesse, sans rayon d'action, sans valeur militaire : tous étaient des sous-marins. En 1904, on revient aux submersibles avec l'*Aigrette* (250 tonneaux), modèle trop petit et de vitesse insuffisante : après une nouvelle série de sous-marins, les 6 *Saphir*, plus sérieux que les précédents, on renonce enfin à ce principe pour ne plus construire que des submersibles, conformes aux idées de Laubeuf : inaugurés par la *Circé* en 1906, ils sont continués par les séries des 16 *Pluviose*, des 19 *Ampère*, des 8 *Andromaque*, etc. Pour le moment, dans toutes les marines, le submersible a éliminé le sous-marin. Mais notre indécision, nos rivalités d'écoles, nos tâtonnements nous avaient fait perdre toute l'avance que nous avaient value les découvertes de nos ingénieurs.

Si la flotte française n'a pas eu avec son adversaire les occasions de rencontres glorieuses qu'a trouvées ailleurs la flotte anglaise avec le sien, on ne saurait lui en faire un reproche puisque, depuis le début des hostilités, elle n'a cessé d'offrir le combat. Mais la flotte austro-hongroise connaît trop son infériorité pour consentir à sortir de plein gré des rades où elle s'abrite derrière ses filets. C'est donc dans ses repaires que nos sous-marins durent aller la chercher; si le *Curie* manqua sa tentative et se fit prendre, ses compagnons furent plus heureux et le *Radetzky* ne put échapper à leurs coups. Depuis quelque temps, les sous-marins allemands, trop malmenés dans le Nord, ont essayé de venir continuer leurs exploits en Méditerranée ; après la surprise de leur arrivée imprévue, on a commencé à leur appliquer le traitement qui a si bien réussi ailleurs, et il n'y a pas de raison pour qu'il ne produise pas, encore, les mêmes effets. Si le rôle de notre flotte a été facilité par la neutralité, puis le ralliement à notre cause de la flotte italienne, il n'en reste pas moins que notre marine a entièrement rempli le rôle qui lui incombait : le pavillon austro-hongrois a disparu de la Méditerranée comme des autres mers et n'a plus rien à envier au pavillon allemand. La flotte française est aussi souverainement maîtresse sur son théâtre d'opérations que la flotte anglaise sur le sien, et ses marins ont en outre écrit la page immortelle de Dixmude qui restera un des plus beaux exemples d'héroïsme de cette guerre.

AUTRICHE-HONGRIE

La flotte austro-hongroise est bien modeste à côté de celles déjà étudiées. Pendant longtemps elle ne se proposa comme objectif que la protection de ses côtes ; une dizaine de petits cuirassés devaient y suffire, plutôt garde-côtes que cuirassés proprement dits. Cette réduction de modèle était imposée par la nécessité d'avoir des bâtiments bien maniables dans les chenaux étroits et semés de récifs de l'archipel dalmate. Sous la suggestion du Kaiser, la marine austro-hongroise avait étendu ses ambitions ; il rentrait dans les plans allemands d'avoir une force de diversion en Méditerranée ; aussi le gouvernement dualiste dut-il s'imposer la charge de construire des dreadnoughts : ceux-ci, sortis tout récemment des arsenaux (l'un d'eux n'est pas encore achevé), sont caractérisés par l'adoption de la tourelle triple imitée du cuirassé italien *Dante Alighieri*.

Les produits des chantiers austro-hongrois jouissent d'ailleurs d'une haute estime dans toutes les marines, tant pour la qualité de la construction que pour le remarquable rendement obtenu de tonnages restreints et la juste proportion réalisée entre les divers éléments de défense et d'armement : c'est ainsi que les *Viribus Unitis* valent nos *Courbet* avec 3.500 tonnes de moins.

Jusqu'ici cette flotte s'est confinée dans une prudente immobilité, à part quelques tentatives de sous-marins ; celles-ci nous ont coûté le *Gambetta* et ont failli réussir contre le *Jean-Bart* ; elles ont été largement compensées par la destruction du *Radetzky*, du *Zenta*, peut-être du *Viribus Unitis*, et sûrement de plusieurs sous-marins.

Comme son alliée, la flotte allemande, la flotte austro-hongroise semble destinée à être capturée au port ou détruite dans une sortie de désespoir.

ITALIE

La neutralité de l'Italie fut pour nous une fortune inespérée au début des hostilités actuelles. Sa flotte, longtemps considérée comme adversaire éventuel, représentait une force importante et plusieurs de ses unités auraient été dangereuses pour les nôtres. Cette abstention, à elle seule, rendait déjà singulièrement plus aisée la mission de la flotte française; devenue alliance effective, elle assure à la Quadruple-Entente la maîtrise définitive en Méditerranée.

La flotte italienne a marqué de tout temps par l'originalité de conception de ses ingénieurs : dès 1880, elle connaissait les tonnages de 15.000 tonnes avec l'*Italia* et le *Lepanto*, à une époque où les cuirassés anglais n'en atteignaient pas encore 10.000 ; ces colosses étaient armés de canons de 100 tonnes, du calibre de 435 millimètres et dépassaient déjà 18 nœuds, alors que les cuirassés, dans les autres pays, en donnaient tout juste 15. Ces bâtiments n'ont d'ailleurs pas été une exception isolée : ils furent suivis des 3 *Doria* et des 3 *Re Umberto* qui ne le cédaient guère à leurs chefs de file.

De 1891 à 1900, de graves difficultés financières obligèrent le gouvernement à réduire considérablement le budget de la marine et les constructions neuves furent presque complètement arrêtées. Mais l'avance prise permettait aux escadres italiennes de continuer à faire figure à côté des unités beaucoup plus modernes de ses rivales. Depuis 1901 et surtout depuis 1910, le renouvellement de la flotte a repris un cours plus régulier et, aujourd'hui, celle-ci aligne 6 excellents dreadnoughts, indépendamment de ses 11 cuirassés plus anciens; enfin s'achèvent 4 superdreadnoughts qui n'auront rien à envier aux plus puissants du monde.

Les constructions sorties des chantiers italiens révèlent une utilisation remarquable du déplacement et surtout une puissance exceptionnelle d'artillerie. Ces avantages sont favorisés par le rôle limité aux eaux métropolitaines, qui était assigné jusqu'ici à la flotte italienne; il n'y avait donc pas de longues traversées à prévoir, ni de gros approvisionnements de charbon pour y pourvoir; on économisait, de ce chef, des centaines de tonnes qui pouvaient être déduites de l'ensemble ou utilement reportées ailleurs. L'emploi de la tourelle triple, imaginée en Italie, et innové sur le *Dante Alighieri*, a également permis un renforcement sensible de l'artillerie sur les derniers cuirassés. C'est ainsi qu'avec un tonnage moindre les 3 *Cavour* et les 2 *Duilio* sont plus vites, mieux armés et aussi bien défendus que nos 4 *Courbet*. Même remarque pour les croiseurs-cuirassés : les *Pisa* et *Amalfi* jaugent 2.500 tonnes de moins que nos *Léon Gambetta* et leur sont supérieurs en vitesse, protection et armement.

Les croiseurs-protégés sont toujours restés dans les tonnages modestes; malgré cela, ils portent une artillerie considérable pour leur taille. Depuis 1911, ils sont remplacés par les éclaireurs d'escadres à grande vitesse dont la dernière série, en achèvement, dépassera 30 nœuds en même temps que les contre-torpilleurs en atteindront 35. Enfin, depuis 1912, la marine italienne fait un sérieux effort pour rattraper son retard en sous-marins; mais ceux-ci ne semblent pas avoir encore atteint la perfection de ceux de certaines autres marines.

Le personnel a fait preuve d'une excellente qualité et d'un parfait entraînement dans ses raids contre certains points d'appui de la flotte austro-hongroise ; il est animé du plus violent désir d'effacer le souvenir de Lissa. L'appoint de cette flotte a donc la plus réelle valeur pour nous.

Nous espérons que cette rapide étude permettra de répondre à ceux qu'on entend encore dire trop souvent : « Mais que fait donc la flotte? A quoi sert-elle? » Ils pourront se rendre compte qu'il n'a pas tenu aux flottes de la Quadruple-Entente de détruire un adversaire qui refuse systématiquement le combat, et qu'elles n'en sont pas moins maîtresses absolues des mers, rigoureusement interdites aux pavillons ennemis. Quant à l'influence de cette maîtrise sur le résultat final de la guerre, c'est un de nos ennemis même, une autorité en stratégie, le général von der Goltz, qui l'a formulée prophétiquement en écrivant : « Annibal lutta 17 ans contre Rome, Napoléon 16 ans contre l'Angleterre; les efforts du premier aboutirent à Zama, ceux du second à Waterloo Dans les deux cas, la domination de la mer décida seule de la victoire. Plus près de nous, dans la guerre civile américaine, les confédérés succombèrent malgré leurs victoires sur terre, malgré la supériorité de leurs généraux, parce que les États du Nord, maîtres de la mer, finirent par amener leur épuisement ».

Et nunc erudimini.

Septembre-Novembre 1915.